KB269883

초등 고전 읽기
혁명

초등 고전읽기 혁명

초판 19쇄 발행일   2017년 7월 10일
초판 1쇄 발행일   2011년 9월 20일

글   송재환
펴낸이   김종길   **책임편집**   이경숙
편집부   박성연·이은지·이경숙·김진희·임경단·김보라·안아람   **디자인부**   정현주·박경은·이유진·손지원
마케팅부   박용철·임우열   **홍보부**   윤수연   **관리부**   김유리
펴낸곳   글담출판사   **등록번호**   009.12.30. 제2009-27호
주소   (121-840)서울특별시 마포구 양화로 12길 8-6 (서교동) 대륭빌딩 4층
전화   (02)998-7030   **팩스**   (02)998-7924
페이스북   http://www.facebook.com/geuldam4u
블로그   http://blog.naver.com/geuldam4u
이메일   bookmaster@geuldam.com

ISBN 978-89-92814-42-3 13370
책값은 표지에 있습니다.

이 도서의 국립중앙도서관 출판시도서목록(CIP)은 e-CIP 홈페이지(http://www.nl.go.kr/ecip)에서
이용하실 수 있습니다. (CIP제어번호 : CIP2011003515)

내 아이가 고전에 빠져든다! 성장한다!

초등 고전 읽기 혁명

송재환 지음

글담출판사

고전에 대한 부모들의 편견을 깨는 책!

매년 초중고생뿐만 아니라 대학생, 일반인을 대상으로 전국 고전 읽기 백일장 대회를 주최하고 있다. 고전 문학을 통해 전통 덕목을 본받고 인본주의적 심성을 개발하고자 하는 마음에서 시작된 대회였다. 올해로 20회를 맞이하는데, 그 참가자가 조금씩 늘고 있다. 고전의 중요성을 인지하는 분들이 늘어나고 있다는 뜻이리라. 고전은 남녀노소 가릴 것 없이 깨달음을 주고 성장시킨다. 대회에 참가한 사람들의 글을 보면 이를 여실히 느낄 수 있다. 그리고 이러한 신념은 대회를 이끄는 원동력이 되었다.

요즘 부모들은 똑똑하여 고전 읽기의 효과에 대해 충분히 인지하고 있다. 그럼에도 불구하고 고전 읽기에 대해 반신반의해하며 소극적인 이유는 무엇일까? 고전이라는 부담감과 아이의 읽기 능력에 대한 걱정 때문일 것이다. 여기에 초등 아이에게 고전 읽기란 부모의 과욕이자 부작용 낳을 수도 있다는 우려가 한몫할 것이다.

하지만 이는 고전에 대해 잘못 알고 있기 때문이다. 만약 초등 아이에게 고전 읽기가 무리였다면, 의미가 없다면 고전 읽기 백일장의 응시 대상에서 초등부를 제외시켰을 것이다. 먼저 고전에 대한 오해와 편견을 버리고 올바로 인식하는 게 필요하다. 단순히 고전 효과만을 얻기 위해 고전에 접근한다면 제대로 된 읽기가 불가능하고 부정적인 결과를 초래하기 쉽다.

고전은 지나친 경쟁과 교육열, 외자녀 가족의 증가 등으로 우리 아이들이 발달시키기 힘든 효심이나 반성, 나누는 마음, 생각의 힘 등을 길러 주는 최선의 방법이다.

이 책은 고전 읽기에 대해 관심이 있거나 혹은 고전 읽기를 시행하고 있는 부모들에게 최적의 책이라고 할 수 있다. 누구보다 이 책의 출간을 기다렸던 만큼 반가운 마음이 앞선다. 고전이란 무엇이며, 초등 아이에게 고전을 읽혔을 때 어떤 효과가 있는지, 초등 아이에게 고전을 어떻게 접근시켜야 하는지가 저자의 실제 사례를 바탕으로 잘 정리되어 있다. 초등 고전 읽기를 다룬 '최초'의 책이라고도 할 수 있는데, 고전 읽기에 대해 전혀 생각해 본 적 없는 부모에게는 고전을 다시 돌아보는 계기를 마련해 줄 것이다. 이 책을 통해 많은 부모님들과 선생님들이 고전 읽기에 관심을 갖기를 소망해 본다.

(사)국민독서문화진흥회장 김을호

고전 읽기 이후 아이들이 달라졌다!

40년이 넘는 교직 생활 동안 느낀 점은 '아이들은 끄는 대로 끌려 온다'는 사실입니다. 부모나 교사가 어떻게 끄느냐에 따라 아이들은 달라집니다. 그렇기에 부모와 교사의 역할은 절대적이며 중요합니다. 좋은 교사와 좋은 부모를 만나는 것만큼 아이에게 더 큰 행운은 없습니다. 성공하는 인생을 살아갈 수 있기 때문입니다.

좋은 교사와 좋은 부모를 만나는 것 이상으로 중요한 만남이 있습니다. 바로 책과의 만남입니다. 아이들은 만나는 책에 따라 그 인생이 달라집니다. 이런 생각에서 전 학년 고전 읽기 프로젝트를 진행하였습니다. 준비 과정에서 어려움도 많았지만 실시 전까지 저 역시 초등 아이에게 고전을 읽히는 것이 도움이 될까 걱정이 앞섰습니다. 하지만 고전을 읽은 뒤 아이들이 달라졌습니다. 꿈이 없던 아이들이 꿈을 갖기 시작하고, 피로와 학업에 대한 스트레스로 힘없던 아이들의 눈빛이 살아나기 시작했으며, 자기밖에 몰랐던 아이들이 다른 친구를 배려하기 시작했습니다. 고전 읽기 이후 아이들의 변화는 말로 다 표현할 수 없습니다.

그러한 변화를 가정에서도 확인했으면 좋겠습니다. 그리고 이 책이 이를 도와줄 것이라 믿습니다. 전문 교사들도 초등 아이들에게 고전 읽히기란 어려운 일이었습니다. 부모님들은 더욱 그러하겠지요. 저는 충분한 사전 준비와 각 교사들의 노력으로 지금과 같은 성과를 낳을 수 있었다고 생각합니다. 이 책은 그러한 교사들의 노력으로 얻어진 노하우들을 아이들의 일화와 함께 소개하고 있습니다. 고전 읽기에 대한 구체적인 안내서가 되어 줄 것으로 확신합니다.

서울 동산초등학교장 윤성로

베스트셀러, 권장 도서는 읽히면서
고전은 왜 안 읽히세요?

　필자는 지금까지 부모들의 공부 고민을 조금이라도 덜어 주고자 『초등 5학년 공부법』, 『초등 공부 불변의 법칙』, 『수학 100점 엄마가 만든다』 등 공부법 관련 책을 많이 출간하였다. 그런 필자가 이번에 고전과 관련된 책을 낸다고 하니 많은 분들이 의아해할지도 모르겠다.

　사실 다년간 아이들을 가르치고 공부법을 연구해 온 결과, 독서만큼 중요한 것은 없다는 결론을 얻었다. 공부를 잘하는 아이들은 대부분 책을 좋아하고 즐겨 읽는다. 간혹 그렇지 않은 아이들이 있기도 한데, 그런 경우 중고등학교에 가서 여지없이 성적이 곤두박질친다.

　미국의 한 통계에 의하면 상위 5퍼센트 아이들의 독서 시간은 하위 5퍼

센트 아이들의 독서 시간에 비해 144배나 많다고 한다. 교육자들 역시 성취욕이 강한 아이일수록 여가 시간의 많은 시간을 독서에 투자한다고 한다.

독서와 학업 성취의 상관관계는 이미 많이 드러난 사실이다. 그 결과 학부모들은 독서 교육에 열을 올린다. 그런데 이를 마냥 기뻐할 수도 없는 것이 독서를 위한 독서가 행해지고 있기 때문이다. 많은 아이들이 많은 책을 빨리 읽는 데 치중하고 있는 것이다.

필자는 이런 잘못된 독서가 오히려 학업 성취 향상에 부정적인 결과를 초래하는 현실에 대해 우려해 왔다. 그리고 그 대안으로 고전 읽기를 선택하게 되었다. 필자가 늦은 나이에 스피치 능력과 글쓰기 능력을 발견할 수 있었던 것도, 깊이 있는 고전 읽기에서 나온 것이라는 생각에서였다. 그래서 고전 읽기라면 아이들의 잘못된 독서 습관을 바로잡고, 기대 이상의 성장을 가져오리라는 생각이 들었다. 그러한 생각에서 반 아이들에게 조금씩 고전을 읽혔고, 여기에 만족하지 않고 전 학년 고전 읽기 프로젝트를 주장하게 되었다.

물론 독서 전문가도, 고전 전문가도 아닌 탓에 시작부터 많은 우여곡절이 있었다. 학년별로 어떤 책을 읽혀야 할까, 한 달에 몇 권 정도가 적당할까, 문학, 인문, 철학 등 고전 분야를 어떻게 배분해야 할까 등 많은 문제에 부딪혔다. 초등학생에게 무슨 고전이냐며 꺼려하는 학부모들도 많았다. 그래서 오랜 기간 동안 동료 교사들과 머리를 맞대고 준비한 끝에 시범 학급을 운영한 후 올해부터 전 학년 고전 읽기를 시작하였다.

그리고 그 결과는 아주 놀라웠다. 아이들이 달라지기 시작한 것이다. 무엇보다 놀라운 것은 처음에는 아우성치던 아이들이 조금씩 고전 읽기를 즐거워하게 된 것이다. 또한 고전을 읽은 후에 아이들의 생각이 변하고 말과 태도가 달라졌다. 달라진 아이의 모습을 본 학부모들은 이제 고전 읽기 시간을 더 늘려 줄 수 없겠냐며 요청하고 있다.

이미 어떤 부모들은 고전 읽기의 중요성을 통감하고 자녀에게 고전을 읽히고 있을지도 모른다. 하지만 대다수 부모들이 고전 읽기를 엄두도 못 내고 있으며 혹은 고전 읽기에 도전했다가 실패한 경험을 가지고 있다.

일반 독서 길라잡이 책은 많이 나와 있지만 고전 읽기와 관련한 책은 전무하다. 그렇기에 맨땅에 헤딩하듯 고전 읽기에 도전했다가 낭패를 보는 부모들도 많다. 고전은 부모와 아이에게 모두 낯설고 부담스러운 만큼 그 접근 방법부터 읽기 방법, 읽은 후 관리까지 일반 책처럼 접근해서는 안 된다.

이 책이 고전 읽기에 대한 작은 안내서가 되길 바란다. '고전이란 무엇이고 고전을 왜 읽어야만 하는가?'와 같은 원론적인 내용들로 시작해서 고전을 어떻게 읽히고 무슨 책을 읽혀야 하는지와 같은 실제적인 내용들을 언급하고자 한다. 그래서 이론적인 소개가 아닌 실질적인 도움을 주고자 한다.

비록 고전 읽기 프로젝트가 완숙의 단계는 아니지만 아이들이 보이는 작지만 큰 변화들은 대단한 의미가 있다고 생각한다. 그래서 이 프로젝트에서 얻어진 노하우를 이 책을 통하여 같이 나누고자 한다. 고전 읽기가 생소한 분들은 이 책을 읽고 자녀에게 고전을 읽히는 계기를 가지게 되고, 이미 하고 있는 부모라면 이 책을 통해 고전 읽기에 대한 좀 더 구체적이고 체계적인 도움을 받을 수 있는 기회가 되었으면 한다.

"한 권의 책을 읽은 사람은 그렇지 않은 사람을 부리고, 10권의 책을 읽은 사람은 한 권의 책을 읽은 사람을 다스리며, 100권의 책을 읽은 사람은 세상을 통치한다."라는 말이 있다. 나는 이 말을 이렇게 바꾸고 싶다. "한 권의 고전을 읽은 사람은 그렇지 않은 사람을 부리고, 10권의 고전을 읽은 사람은 한 권의 고전을 읽은 사람을 다스리며, 100권의 고전을 읽은 사람은 세상을 통치한다."라는 말로 말이다.

아무쪼록 이 책이 부모와 아이들에게 새로운 방향을 제시하고 변화를 가져다주기를 바란다.

이 책이 출간되기까지 도와주신 글담출판사 관계자분들과 동료 교사들에게 감사를 드린다. 또한 담임선생님인 필자에게 오늘도 잔소리를 들어가며 묵묵히 고전을 읽고, 마음 밭을 갈며 인생의 내일을 준비하는 동산초등학교 6학년 1반 29명 어린이들에게 "사랑한다."라고 말하고 싶다.

마지막으로 이 책을 집필하면서 글이 풀리지 않고 지혜가 부족할 때마다 언제나 격려해 주시고 포기하지 않게 도와주신 가장 위대한 고전 『성경』의 저자이신 하나님께 이 모든 영광을 돌린다.

이 땅의 학부모들에게 희망을 전하고픈 교사 송재환

고전 읽기에 대한
부모들의 말, 말, 말

이 글은 200일 동안 '고전 읽기 프로젝트'를 진행한 후 학부모들에게 받은 고전 읽기 소감들 중에서 일부 발췌하여 수록한 것이다.

6학년 학부모

◆ 고전을 읽은 후 책에서 읽은 좋은 글귀를 자주 이야기해 주게 되었고 생각의 폭이 넓어졌다.

◆ 막연히 어려울 것이라 생각한 고전을 친구들과 함께 재미있게 접근함으로써 독서의 폭을 넓혀 준 계기가 된 것 같다. 6학년이라 고전을 1년밖에 읽지 못하는 점이 너무 아쉽다.

◆ 책을 읽고 생각하는 능력이 좋아졌다. 고전 읽기 강력 추천한다.

◆ 남을 배려하는 마음과 봉사하는 마음이 커진 것 같고, 부모에게도 이런 태도를 권해서 부모와 자식의 역할이 바뀐 것 같다.

◆ 고전을 읽기 시작하면서 고전을 응용해서 이야기하는 습관이 아이에게 생겼다. 특히 『논어』를 읽은 후부터는 실생활 속에서 공자님 말씀을 많이 인용하는데 보기가 좋다.

◆ 어렵지만 꾸준히 읽고 의미를 되새기는 아이의 모습을 보니 고전 읽기의 힘을 느낄 수 있었다.

5학년 학부모

◆ 아이의 독서 시간이 늘었고, 다양한 분야의 책을 접하면서 관심 분야가 넓어졌다.

◆ 선생님의 지도 아래 친구들과 함께 같은 책을 읽음으로써 혼자서라면 흥미없어
했을 고전 책을 좀 더 적극적으로 읽을 수 있었던 것 같고, 그것을 화제로 집에
서도 이야기할 수 있게 되어 좋았다.

◆ 평소 책을 편독하여 걱정이 되었으나, 학교에서 다양한 분야의 책을 같이 읽어
만족스럽다.

◆ 분량이 많은 책은 중간에 포기하는 경우가 많았는데, 고전을 끝까지 읽었다는
사실이 자랑스럽다.

4학년 학부모

◆ 습관적으로 독서하는 태도가 형성된 것 같고 인성적인 부분에서 특히 『소학』의
경우 교훈을 많이 받았는지 책의 가르침을 실천하려고 노력하는 모습이 보인다.

◆ 특히 『소학』이 참 좋았다. 아이가 읽은 후 생활에 접목시켜 이야기도 많이 하고
생활 태도가 더욱 좋아진 것 같다.

◆ 일기나 독후 감상문을 쓰는 능력이 많이 향상되었다.

3학년 학부모

◆ 쉽고 흥미로운 책만 읽었는데, 좀 길고 딱딱한 내용도 오랫동안 집중해서 읽는
모습을 보니 좋았다.

◆ 고전 읽기를 통해 글밥이 많은 다른 책들에 대한 거부감이 없어지고, 긴 글을 읽
어 나가는 끈기를 가지게 된 것 같다.

◆ 책 내용이 집중을 요하는 만큼 고전을 읽은 이후로 읽기 태도가 좋아지고
생각이 많이 어른스러워진 것 같다.

2학년 학부모

◆ 잠들기 전에 고전을 읽어 주고 있다. 세상을 살면서 등불이 될 글들이 많다.

◆ 다양한 종류의 책을 읽음으로써 간접 경험을 늘릴 수 있고 고전에 나온 좋은 글귀를 암기하여 일상생활에 응용하는 변화가 생겼다.

◆ 글쓰기와 사고력이 좋아지고, 어휘력이 특히 많이 향상되었다.

◆ 고전 읽기를 통해 여러 장르의 책을 접하게 되어 다방면으로 관심을 갖게 되었다.

◆ 책을 보는 폭이 넓어진 것 같다. 다양한 책에 관심을 갖고, 연구하려는 자세가 좋아 보인다.

◆ 글밥이 많고 긴 책도 거부감 없이 읽게 되었다.

1학년 학부모

◆ 책을 읽은 후 내용에 대해 예전보다 고민하고 생각하는 시간이 많아졌다.

◆ 책을 좀 더 가까이 하는 느낌이 들고, 글쓰기에 익숙해지는 것 같아 기대가 된다.

◆ 책을 좀 더 집중해서 읽는 것 같고, 읽은 후 질문이 많아졌다.

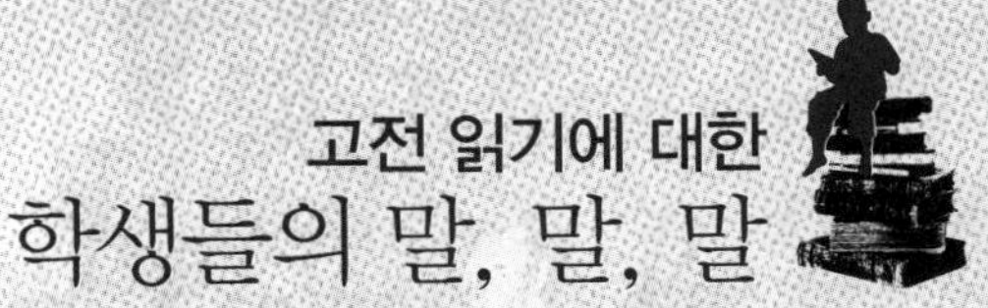

이 글은 200일 동안 '고전 읽기 프로젝트'를 진행한 후 학생들에게 받은
고전 읽기 소감들 중에서 일부 발췌하여 수록한 것이다.

6학년 학생

◆ 고전을 읽기 시작하면서 그동안 나의 잘못된 사고방식이 조금은 개선된 것 같고, 말을 할 때도 논리적이게 되었다.

◆ 세계적인 책들을 어린 나이에 볼 수 있어 좋았다. 이 프로젝트로 우리 학교가 더 자랑스러워진 것 같고, 후배들이 계속 고전 읽기를 했으면 좋겠다.

◆ 고전을 읽고 자신을 되돌아보고 반성하게 되었다. 또한 고전에 있는 좋은 글귀를 마음에 새기고 항상 생각하게 되었다.

◆ 사람들에게 조금 더 다가가는 방법을 알게 되었다.

◆ 내 행동의 변화가 필요함을 느끼게 되었고 나의 잘못된 점을 깨닫는 계기가 되었다.

◆ 문학 작품의 이야기가 재미있었다. 세상을 살아가는 태도를 알려 줘 정말 좋고 알찬 경험이었다.

◆ 『논어』와 『백범일지』를 읽다 보니 생각이 많이 바뀌었다. 또한 좋은 구절을 보면

책에 적는 습관이 생기게 되었고 내 생각도 깊어진 것 같다.

◆ 『논어』를 읽고 나서부터 욕도 줄고, 화도 덜 내고, 독서도 더욱 집중해서 읽고, 친구들과 더 잘 어울리게 되었다.

◆ 독후감을 쓸 때나 일기를 쓸 때 조금 더 편해졌다.

◆ 『논어』를 읽으면서 마음에 편안함을 되찾은 것 같다. 정서적으로 많은 도움이 되었다.

◆ 인격이 예전보다 좋아진 것 같고 나의 글쓰기 실력과 언어 구사력이 향상된 것 같다.

4학년 학생

◆ 작년까지만 해도 책을 읽으면 잠이 왔는데, 고전 읽기를 한 다음부터 많이 나아진 것 같다.

◆ 내가 고전을 읽는다는 것이 자랑스럽다. 그리고 고전 읽기를 하면서 읽는 속도가 빨라졌고, 책에 관심이 많아졌다.

◆ 『소학』을 읽은 후, 요즘 엄마에게 예의 바르게 행동하려고 노력하게 되었다.

◆ 평상시 수다스러운 편인데, 『소학』을 읽고 난 뒤부터 수업 시간에는 말을 하면 안 되겠다는 다짐을 하게 되었고 집중력이 좋아졌다.

3학년 학생

◆ 친구들과 책에 대한 이야기를 많이 하게 되었다.

◆ 옛날에는 책 보기 싫어서 텔레비전만 봤는데, 조금씩 책에 관심을 가지게 된다.

2학년 학생

◆ 마음이 안정되고 생각도 깊어졌다. 공부도 열심히 하게 되었다.

◆ 독서 태도가 더 좋아지고 마음이 편안해졌다.

◆ 독서 습관이 생겼고, 어려운 책도 읽게 되었다.

◆ 『사자소학』을 읽은 후, 부모님께 효도하는 마음이 생겼다.

◆ 책 읽는 것이 즐거워졌고 고전 읽기 계속 하고 싶다.

1학년 학생

◆ 어려운 책을 끝까지 읽었다. 예전보다 똑똑해진 것 같다.

◆ 책 읽는 능력이 더 늘었다.

◆ 책 읽는 게 재미있어졌다.

◆ 내 실력이 옛날보다 더 많이 좋아진 것 같다.

추천사 I, II 4
머리말 8
고전 읽기에 대한 부모들의 말, 말, 말 12
고전 읽기에 대한 학생들의 말, 말, 말 15

1장 "고전은 선택이 아닌 필수이다"

아이는 읽는 대로 만들어진다

우리 아이들은 지금 잘못 읽고 있다 28

책을 빨아들이는 아이들 | 지나친 흥미 위주의 독서 | 베스트셀러에 편중된 독서

읽어야 하는 책은 정해져 있다 36

책장을 자주 덮게 하는 책 | 부모의 한 권의 책 | 아이의 바른 선택을 도울 수 있는 책

초등 고전 읽기의 힘 | 우선순위에 밀린 고전에 주목하라 42

2장

"고전에 대한 고정 관념을 깨다"

초등, 고전에 주목해야 하는 이유

고전은 고전이다 48

모든 양서의 기준을 제시한다 51

고전에 대한 부모들의 편견 53
편견 1 고전은 아이가 읽기에는 어렵다 ㅣ 편견 2 고전은 특별한 사람이 읽는 책이다 ㅣ 편견 3 고전은 고리타분하고 케케묵은 책이다 ㅣ 편견 4 고전은 내용을 이미 알고 있는 책이다 ㅣ 편견 5 외국 고전이 우리 고전보다 우수하다 ㅣ 편견 6 어린이용 고전을 읽혀야 한다 ㅣ 편견 7 초등학생에게 인문, 철학 고전은 이르다 ㅣ 편견 8 남녀 서로 다른 고전을 읽혀야 한다

고전이 만들어 낸 기적들 65
두 권의 고전으로 세계를 선도하는 민족 ㅣ 위인들의 책 읽기의 시작과 끝 ㅣ 고전 한 권으로 대통령이 된 사람 ㅣ 삼류 대학에서 일류 대학으로, 시카고 대학 ㅣ 중국을 호령하는 칭화 대학

초등 고전 읽기의 힘 II 제대로 알아야 고전에 대한 생각이 바뀐다 72

3장

"부모의 교육 철학을 세워라"

아이의 정서를 코칭한다

'나'가 아닌 '우리'를 깨닫게 한다 78
잔소리보다 센 고전 ㅣ 아이의 경험 한계를 부순다

위인들의 꿈이 다운로드된다 85

아이들의 꿈이 자주 바뀌는 이유

생각을 바꿔 행동을 변화시킨다 88

섣부른 개입은 아이의 가치관에 악영향을 미친다 | 고전의 단점이 장점
이 되다 | 수필은 위인들의 가치관의 정수이다

아이들의 철학적 의문을 자극한다 94

철학적 고민을 시작하는 고학년

초등 고전 읽기의 힘 Ⅲ 스스로 깨달을 때, 아이는 놀라울 정도로
변한다! 98

4장 "고전 읽기는 공부이다"
공부에 새로운 대안을 제시한다

초등, 아이의 어휘력이 완성되는 시기 104

아이가 읽는 책이 어휘의 한계이다

서술형 문제와 논술에 강해진다 108

글쓰기는 기술이 아닌 사고의 과정이다 | 좋은 글은 자발적 창작 욕구에
서 나온다

공부하지 않아도 국어 점수가 오른다 113

반 평균 95점을 받다 | 국어를 잘한다는 의미

무한 상상력과 사고력이 자극받는다 117

사고력을 키우면 지능이 향상된다 | 두서없는 글쓰기, 맹목적인 주장을
하는 아이 | 리더들의 창의력 향상법

교과서가 쉬워진다 125

중독과 몰입의 차이를 경험한다 ｜ 고전은 '독서 근육'이 생기게 한다 ｜
인생의 책과 만난다

지식을 가지고 놀게 한다 131

인문학적 깊이가 차이를 낳는다 ｜ 외운 지식과 정보는 힘이 약하다

초등 고전 읽기의 힘 Ⅳ 눈앞의 성적이 아닌 학습능력을 잡는다 136

5장

"아이의 능력을 의심하지 마라"
고전 읽기는 시작이 중요하다

고전을 칭찬하라 142

부모에게 던지는 첫 번째 질문 145

거실은 텔레비전을 보는 곳이 아니다 147

일주일에 2, 3번, 하루 30분이면 충분하다 149

책을 싫어하는 아이에게 고전을 권하는 방법 151

고전 읽기의 정석 156

초등 눈높이용 책은 삼가라 ｜ 시대를 거슬러 올라가라 ｜ 단편, 만만하게
보지 마라

인문, 철학 고전에도 순서가 있다 159

『빌헬름 텔』은 알아도 『동명왕편』은 모르는 아이들 162

가장 짧지만 깊이 읽어야 하는 고전 명시 164

초등 고전 읽기의 힘 Ⅴ 고전 읽기를 준비하라 166

6장

"고전 읽기 방법은 달라야 한다"
고전 독서법 10가지

숲을 보고 나무를 보게 하라 172

암탉이 알을 품듯 책을 품게 하라 175
연애편지 읽듯 읽어야 한다 ㅣ 정독의 시작은 부모의 생각 개선에서부터

질문에도 등급이 있다 180
1차원적 질문에서 벗어나라 ㅣ 대답보다 질문을 평가하라

고전 읽기를 지속시키는 힘 185
어떤 책을 읽히느냐보다 중요한 요인

한 구절 공책을 만들게 하라 188
감동은 사라지지만 기록은 남는다 ㅣ 아이의 고민과 생각을 알 수 있는
명구절 ㅣ 외우면 더 큰 힘을 발휘하는 명구절

책에 애착을 가지게 하라 193
지저분하게 읽어라

집중력이 부족한 아이도 즐겁게 읽는 법 197
과학적으로 증명된 읽어 주기의 힘

손으로 읽게 하라 201

정약용이 아들에게 추천한 독서법 | 필사보다 중요한 것은 도서 선정이다

가르쳐 주지 말고 깨닫게 하라 205

고전 읽기의 진정한 발견 | 독서삼독하라

외국 고전은 비교 독서하게 하라 211

책보다 번역자를 골라라

초등 고전 읽기의 힘 Ⅵ 어떻게 읽었느냐가 고전 효과를 좌우한다 214

7장 "즐겁게 읽는 방법을 강구하라"
고전 효과를 2배로 향상시키는 독후 활동

책을 읽기 전에 독서록을 쓰게 하라 220

창의적인 생각을 이끄는 독후 활동 222

아이의 손에서 고전이 재탄생한다 | 고전의 장르를 바꾸다 | 고전과 체험이 만나다

책걸이, 새로운 고전에 도전하게 한다 226

단기간에 고전 읽기 능력을 향상시키는 법 228

부록 동산초등학교 학년별 도서 목록 231

1장

아이는 읽는 대로 만들어진다

"고전은 선택이 아닌 필수이다"

대부분의 부모들에게 고전 읽기는 부담이다.
아이의 독서 목록에 추가되는 또 하나의 목록에 불과하기 때문이다.
하지만 선진 국가, 특히 명문 학교에서는 고전을 필독서로
강조하고 있다. 고전은 다른 모든 책들의 근본이자
본질이 되는 텍스트이기 때문이다.

좋은 책을 읽지 않는다면 책을 읽는다고 해도 문맹인 사람보다 나을 게 없다.

- 마크 트웨인

필자가 교사 생활을 갓 시작했을 때는 학부모 총회나 면담 때마다 독서의 중요성을 강조했다. 독서를 시켜야 어휘력과 이해력이 좋아져 공부를 잘하게 된다며 열변을 토하곤 했다. 다행히 근래에는 독서의 필요성을 굳이 강조하지 않아도 많은 부모들이 이를 인식해서 힘을 기울이고 있다. 최소한 초등학교 저학년 때까지는 말이다.

부모들의 독서에 대한 관심은 아이가 세상에 나오기 전부터 이미 시작된다. 뱃속에 있는 아기를 위해 부부가 교대해 가며 책을 읽어 주는 모습은 이미 흔해졌다. 어디 이뿐인가? 아이를 위해 수십만 원씩 하는 백과사전이나 문학 전집을 아낌없이 사준다. 그래서인지 아이들의 독서 실력은 전반적으로 높다.

독서 환경도 예전과 비할 바가 아니다. 필자가 어렸을 때만 해도 교과서 이외의 책은 보기 힘들었다. 하지만 지금은 어디를 가나 책이 넘쳐난다. 학교마다 번듯한 도서실을 구비하고 있고 소유 장서도 풍부하다. 이뿐만 아니라 학급마다 학급 도서로 비치되어 있는 책들만 해도 미니 도서관을 방불케 한다. 이처럼 좋아진 독서 환경 덕택에 지금 우리 아이들은 최소한 책이 없어서 못 읽진 않는다.

하지만 아이들이 예전보다 책을 많이 읽는 현실이 반갑지만은 않은 건 왜일까? 아이들의 늘어난 독서량에 발맞춰 독서의 수준이나 질도 향상되어야 하는데 그렇지 않게 느껴지기 때문이다. 아무 책이나 많이 읽는 것은 안 읽는 것보다 훨씬 해롭다. 마치 몸에 나쁜 음식은 안 먹는 것이 좋듯이 유해한 책은 안 읽는 것만 못하다. "나쁜 책보다 더 나쁜 도적은 없다."는 이탈리아 격언은 나쁜 책의 폐해를 정확히 지적해 주고 있다.

아이는 읽는 대로 만들어진다. 아이가 읽는 책이 미래를 결정짓기 마련이다. 따라서 부모는 아이가 읽는 책 한 권 한 권에 세심한 주의를 기울여야 한다.

고전 읽기에 대해 언급하기 전에 먼저 우리 아이들의 독서 행태에 대해 살펴보려고 한다. 이는 부모가 고전에 관심을 가져야 하는 이유와도 직결된다.

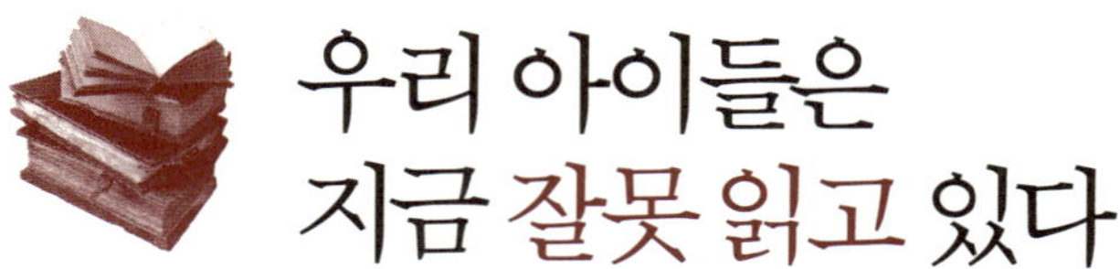

우리 아이들은 지금 잘못 읽고 있다

책을 빨아들이는 아이들

아이들에게 "요즘 무슨 책을 읽고 있니?"라고 물으면 쭈뼛쭈뼛하면서 별걸 다 묻는다는 표정이 역력하다. 재차 물으면 "책 읽을 시간이 어디 있어요? 학원 다니느라 바빠 죽겠는데…….."라며 말끝을 흐린다.

우리 아이들의 슬픈 현실이다. 이렇게 시간에 쫓겨서 혹은 흥미가 없어서 독서를 거의 하지 않는 아이들이 있는가 하면 독서를 매우 열심히 하는 아이들이 있다.

필자가 근무하는 학교에서는 다독상이라는 상을 준다. 많이 읽는 아이는 고학년이라도 1년에 100권 이상을 읽는다. 저학년의 경우는 300권 이상은 읽어야 다독상에 명함을 내밀 수 있는 수준이다. 정말 무섭게 책을 읽는다. 하지만 이런 아이들의 독서를 들여다보면 책을 읽는다기보다 빨아들이고 흡입하는 것에 가깝다. 그래서 이들을 독서 진공 청소기라고 부른다.

대부분의 부모들은 이처럼 진공 청소기식으로 많은 양의 독서를 하는 아이들을 부러워한다. 여기저기서 책을 많이 읽으면 좋다고 하니 그런 아이들이 그저 부러운 것이다. 책을 빨리 읽으면 좋다는 사회적 분위기도 이런 진공청소기식의 독서를 부추긴다.

하지만 다독과 속독에 치우친 독서 습관은 결코 바람직하지 않다. 책을 흡입하듯 읽어 치우는 아이들은 한 권의 책을 읽어 가면서 얻을 수 있는 즐거움을 만끽하기도 전에 책장을 덮어 버린다. 이런 경험이 반복되면 어느 순간 책에 대한 흥미가 급격히 떨어진다.

다독과 속독을 즐기는 아이들은 두 가지 부류로 나뉜다. 책을 정말 좋아해서 자연스럽게 습관이 된 경우와 외부적인 요인에 의해 습관이 형성된 경우이다. 바람직한 모델인 전자에 비해 후자는 반짝 독서가가 될 확률이 높다. 후자는 부모나 환경적인 요인이 크다. 부모가 책을 빨리 많이 읽을 때마다 좋아하는 모습을 보인다면 아이는 부모의 기대에 부응하기 위해 노력한다. 게다가 각종 독서 대회들은 이를 더욱 부추긴다. 이때 아이가 평소 흥미와 재미 위주의 독서를 했다면 속독은 자연히 습관이 된다.

이렇게 양적인 독서에 치우치다 보면 깊이 있는 책 읽기가 힘들어지고 독서를 통해 깊은 사고력과 창의력 등을 얻기 어려워진다. 독서는 얼마나 빨리 그리고 많이 읽었느냐가 아니라 무슨 책을 어떻게 읽느냐가 중요하다. 따라서 어렸을 때부터 가급적 한 권의 책이라도 정독하는 습관을 길러 주는 것이 바람직하다.

다독은 아이들 특성과도 부합하지 않는다. 초등 아이들은 구체적 조작기에 해당된다. 이 시기에는 독서보다 직접적인 체험과 다양한 경험이 중요하다. 따라서 독서에 빠져서 이를 등한시한다면 발달에 필요한 자극과 경험이 부족해 오히려 뒤처진다.

다독이 소유 가치를 높이는 것이라면 정독은 존재 가치를 높이는 것이다. 우리는 보다 많은 것을 소유하기 위해 노력한다. 그런데 이런 소유욕의 잘못된 가치관이 독서에도 파고들어 많이 읽을수록 좋다고 착각하게 한다. 사실은 그렇지 않다.

존재 가치와 소유 가치는 별개임을 알아야 하듯 아무 책이나 다독하는 것과 좋은 책을 정독하는 것은 별개임을 알아야 한다. 책 선정은 신중히 하고 선정된 책은 정독해야 한다. 문제는 무슨 책을 선정해서 어떻게 읽을 것인가 하는 것이다.

"책을 읽을 때는 반드시 한 가지 책을 습득하여 그 뜻을 모두 알아서 완전히 통달하고 의문이 없게 된 다음에야 다른 책을 읽을 것이요, 많은 책을 읽어서 많이 얻기를 탐내어 부산하게 이것저것 읽지 말아야 한다."

– 이이『격몽요결』중에서

조선시대 최고의 학자였던 이이의 독서 지침을 되새겨 보는 건 어떨까?

지나친 흥미 위주의 독서

작년 한 해 서울대학 중앙도서관 대출 순위를 살펴본 결과 소설, 판타지, 무협지가 상위 100위를 차지하였다. 이는 한 신문사가 서울대학, 고려대학, 연세대학, 부산대학, 경북대학 등 전국 14개 대학의 대출 순위를 분석한 결과와 같았다. 대출 순위 베스트 20위 중 인문, 사회과학 도서는 단 한 권뿐이었다. 나머지는 『영웅문』, 『퇴마록』, 『해리포터』, 『묵향』과 같은 판타지, 무협지 위주의 소설이었다. 이 때문에 일부 대학도서관에서는 판타지나 무협지류는 도서 신청 목록에서 제외시킬 정도라고 한다.

이는 흥미 위주의 독서에 빠진 현실을 적나라하게 드러낸다. 독서의 주된 목적 중 하나가 즐거움이라는 것에는 동의한다. 하지만 요즘 독서 행태는 어른 아이 할 것 없이 한쪽으로 편중되어 있다. 특히 초등학생들은 만화책과 판타지에 쉽게 빠져든다. 만화책은 책 읽기의 재미를 가르쳐 주고 사실 위주의 지식을 습득하는 데에는 유용하지만 권장할 만한 책은 아니다. 그럼에도 전국 어린이도서관의 대출 목록은 만화책이 점령했다고 해도 과언이 아니다.

대출 순위	송파 어린이도서관	노원 어린이도서관
1위	『내일은 실험왕 2 : 힘의 대결』	『베트남에서 보물찾기』
2위	『내일은 실험왕 5 : 전기의 대결』	『네덜란드에서 보물찾기』
3위	『내일은 실험왕 8 : 인체의 대결』	『위기탈출 넘버원 5 : 알래스카, 북극 편』
4위	『내일은 실험왕 1 : 산성염기성 대결』	『허클베리 핀 비밀 찾기』
5위	『허클베리 핀 비밀 찾기』	『퀴즈 과학 상식 : 핵에너지』
6위	『돈을 알면 나도 부자』	『이스라엘에서 보물찾기』
7위	『내일은 실험왕 9 : 날씨의 대결』	『오스트리아에서 보물찾기』
8위	『프랑스에서 보물찾기』	『호주에서 보물찾기』
9위	『멕시코에서 보물찾기』	『오디세이 비밀 찾기』
10위	『내일은 실험왕 10 : 열의 대결』	『위기탈출 넘버원 11 : 영국 스톤헨지 편』

이 자료는 서울 송파 어린이도서관과 노원 어린이도서관의 2010년 한 해 동안 대출 순위 베스트 10을 조사한 것이다. 결과가 좀 처참하다. 상위 랭킹 50위까지 조사해 보았지만 만화책이 아닌 책을 찾기란 불가능에 가까웠다. 다른 어린이도서관을 조사해 보았지만 결과는 마찬가지였다. 우리 아이들의 만화 편중 현상에 대해 교사, 학부모, 출판사, 도서관 모두가 반성해야 하지 않을까 싶다.

〈해리포터〉 시리즈와 같은 판타지책도 만화책 못지않게 인기가 높다. 판타지책의 중독성은 만화책보다 심해서 읽을수록 중독된다.

아이들이 만화책과 판타지책에 빠져드는 이유는 어휘력과 이해력 부족 때문이다. 호흡이 길거나 행간을 읽어야 하는 책은 읽기 어려워서 자연스럽게 이런 책에 빠져드는 것이다.

물론 아이들의 특성도 있지만 판타지책을 좋아하는 아이들은 현실에 대한 욕구불만을 가진 경우가 많다. 아이가 지나치게 판타지에 심취해 있다면 자신의 열등감이나 불만을 해소하고 대리만족의 수단으로 여기고 있는 건 아닌지 점검해 봐야 한다.

이것도 책이니깐 안 읽는 것보다 낫다고 생각할지 모르겠다. 이런 류의 도서는 이야기가 재미있어 빨리 읽히지만 책을 읽고 나면 아무것도 생각나지 않는다. 등장인물의 이름이나 사건도 잘 기억이 나지 않는다. 문제는 줄거리 읽기에 익숙해지면 책을 대충 읽는 습관이 생긴다는 것이다. 이런 습관이 붙으면 나중에는 정독이 힘들어지고 재미없는 책은 거들떠보지 않게 된다. 그러면 복잡한 사고를 싫어하는 단순한 사람이 되기 쉽다.

게다가 아직 어리기 때문에 이야기 속의 세상과 현실을 구분하지 못하는 경향이 있다. 따라서 지나치게 판타지책이나 만화책에 빠져들 경우 현실 생활이 힘들고 어려워질 수 있다. 반드시 부모가 도서 권수를 제한해야 한다.

베스트셀러에 편중된 독서

최근 어린이도서의 출간이 폭발적으로 증가했다. 그래서인지 어린이 분야에서 밀리언셀러가 심심치 않게 등장한다. 〈만화로 보는 그리스 로마

신화〉, 〈해리포터〉는 이미 1,000만 부를 넘어 2,000만 부를 향해 달려가고 있다. 이 외에도 〈마법 천자문〉, 〈코믹 메이플 스토리〉, 〈서바이벌 만화 과학 상식〉, 『괭이부리말 아이들』, 『나쁜 어린이 표』 등은 대표적인 밀리언셀러이다. 우리나라 초등학생 수가 400만 명이 안 되는 현실을 감안할 때 책 한 권이 100만 부 이상 팔린다는 것은 정말 대단한 일이다.

이런 밀리언셀러들이 나올 수 있는 이유는 우리 아이들이 베스트셀러 위주로 독서하고 있기 때문이다. 혹자는 베스트셀러를 '평상시에 책을 읽지 않던 사람들이 읽는 책'이라고 정의하기도 한다. 평소 책을 멀리하던 아이들도 책을 읽게 유도한다는 측면에서 베스트셀러는 분명 의미가 있을 것이다. 그런데 앞에서 소개한 밀리언셀러들을 보면 만화책, 판타지책, 창작 동화에 치우쳐 있음을 단번에 알 수 있다. 과연 이런 베스트셀러에 치우친 독서가 바람직한 것일까?

필자는 이런 질문을 던져 본다. 최근 10여 년 동안 폭발적으로 팔린 베스트셀러들이 50년이 지난 뒤에도 아이들에게 사랑받을까? 만약 50년이 지난 뒤에도 꾸준히 독자들에게 사랑받고 있다면 정말 좋은 책이리라.

하지만 대부분의 베스트셀러들은 수명이 그렇게 길지 못하다. 출간 당시 반짝 인기를 얻다가 몇 년도 안 돼 사장되는 책들이 상당히 많기 때문이다. 베스트셀러는 마케팅의 힘에 의해 탄생하는 경우가 많은데 마케팅이 책의 힘까지 높여 주지는 못한다. 그래서 초반에 엄청난 인기를 끌었던 책들도 몇 년 후 사라지는 것이다.

내용에 힘이 있는 책은 출간 직후에는 별로 주목받지 못하더라도 시간이 지나면서 스테디셀러로 자리 잡는다. 스테디셀러는 시간이 지나도 변하지 않는 주제와 이야기를 품고 있다.

즉 책의 판매량과 내용은 비례하지 않는다. '다른 아이들은 모두 읽었는데 우리 아이만 몰라서 뒤처지는 건 아닐까?', '베스트셀러니깐 좋은 책일 거야.'란 생각은 앞으로 버리길 바란다.

아이가 책을 통해 깨달음을 얻고 배우기 위해서는 책이 좋아야 한다. 유행은 지나가지만 가치는 남는다. 아이에게 바람처럼 왔다 사라지는 책이 아닌 '오래도록 남을 가치 있는 책'을 읽혀야 한다. 이를 위해서는 부모의 책 선정 안목이 무엇보다 중요하다.

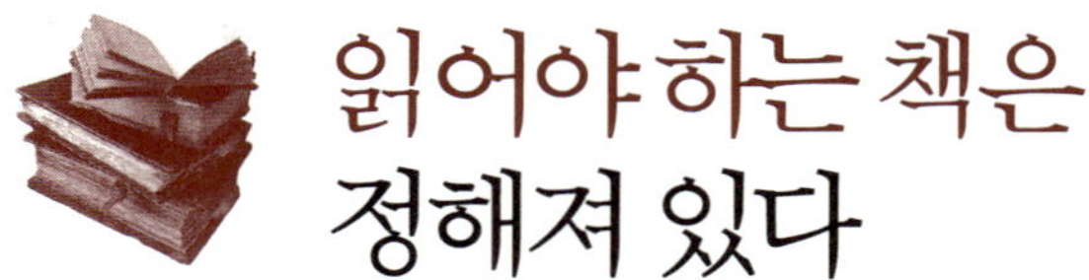

읽어야 하는 책은 정해져 있다

"책을 선택할 때는 친구를 선택하듯 하라."는 말이 있다. 책은 친구 이상으로 중요하므로 그만큼 신중하게 선택하라는 의미이다. 한 권의 좋은 책은 사람의 인생을 바꿔 놓기도 한다. 데카르트는 "좋은 책을 읽는 것은 과거의 가장 훌륭한 사람과 대화하는 것과 같다."고 말하기도 했다.

그렇다면 어떤 책이 좋은 책일까? 좋은 책의 기준은 사람마다 다르고 시대나 지역에 따라 다를 수 있다. 그럼에도 불구하고 공통점이 있으니 이를 유념하여 책을 골라 주도록 하자.

책장을 자주 덮게 하는 책

독서의 가장 큰 효과는 생각하는 힘을 길러 주는 것이다. 하지만 모든 책이 그런 것은 아니다. 그렇다면 어떤 책을 읽혀야 할까? 바로 책장을 여러 번 덮게 만드는 책이다. 이게 무슨 소리인가 싶을 것이다. 책을 좋아하는 사람이라면 깊은 감동과 공감으로 어느 순간 책 읽기를 멈춰 버리는 경험들을 해봤을 것이다. 책장을 덮고 글이 선사하는 감동에 몸을 맡기고, 그 구절을 음미하며 깊은 생각에 빠져든다. 이러한 순간들은 읽는 이로 하여금 깨달음과 함께 내면적인 변화와 성숙을 선사한다.

"당신에게 가장 필요한 책은 당신으로 하여금 가장 많이 생각하게 하는 책이다."라는 마크 트웨인의 말은 어떤 책을 읽어야 하는지 잘 제시해 준다.

필자는 『논어』를 읽을 때마다 이러한 순간들과 조우하곤 했다. 가슴에 와닿은 구절을 발견하면 더 이상 읽을 필요성을 느끼지 못하고 그날은 그 구절을 묵상하며 보냈다. 어느 구절은 나의 삶을 반성하게 만드는가 하면 어느 구절은 비전에 사로잡히게 했다. 그리고 그 묵상하는 과정에서 내 안의 놀라운 에너지가 용솟음치는 것을 느꼈다.

이는 어른만이 아니다. 반 아이들과 『논어』를 읽다 보면 여기저기 "캬아~!"하는 감탄사가 들려온다. 어떤 아이는 마음에 드는 구절을 책상에 적어 놓기까지 한다. 『논어』라는 책이 왜 수천 년 동안 사람들의 사랑을 받아 왔는지 알 수 있다. 남녀노소 관계없이 많은 생각과 감동을 주는 책인 것이다.

반면에 어떤 책은 다 읽을 때까지 책장을 한 번도 덮지 않을 경우가 있다. 이는 별다른 생각이나 감동 없이 읽었다는 의미이다. 이런 책들의 특징은 글의 호흡이 너무 짧거나 흥미 위주의 이야기인 경우가 많다. 또한 단순한 지식이나 정보를 제공하는 책일 확률이 높다. 아이들은 이런 책을 대단히 좋아한다. 물론 이런 책을 전혀 안 읽힐 수는 없지만 지나치게 이런 책만 읽히는 것은 곤란하다. 특히 책 읽기를 싫어하는 아이일수록 더욱 문제가 될 수 있다.

책 읽기의 효과들은 독서 중에 얻은 여러 생각과 감동의 순간들에서 온다는 것을 명심해야 한다.

부모의 한 권의 책

엄마들의 모임에서 꼭 화제에 오르는 것은 책 이야기이다. 이때부터 너나 할 것 없이 아이의 독서량을 자랑하기 시작한다. 그 앞에서는 내색 못하고 집에 돌아간 엄마들은 묘한 경쟁심에 책이 넘쳐나도 옆집 아이가 읽었다는 책을 사다 읽힌다.

과연 아이는 한 권이라도 제대로 소화해 내고 있는 것일까? 물론 다른 아이가 하는 것을 우리 아이가 안 하면 뒤처지는 것 같은 기분이 들 수 있다. 하지만 아이 교육에서 제일 중요한 것은 부모의 줏대이다.

다시 강조하지만 많은 책을 읽은 것이 중요한 게 아니라, 무슨 책을 어떻게 읽었느냐에 집중하길 바란다. 만약 무슨 책이 좋은지 판단이 안 선다면, 이리저리 휘둘리는 팔랑귀 부모라면, 지금 당장 자신의 책장을 살펴보길 바란다.

자신이 어렸을 때 읽고 감동을 받은 책, 너무 좋아서 차마 버리지 못한 책들이 있을 것이다. 그 책들 중에 한 권을 골라 읽혀 보라. 시대가 다르다고 하지만, 좋은 책은 시대를 불문하고 읽는 이에게 깨달음과 감동을 주는 법이다.

아이들과 『논어』를 읽을 때였다. 아이들에게 책을 준비하라고 했더니, 대부분의 아이들이 새 책을 구입해서 가져왔다. 그런데 그중에 한 아이가 누렇게 변색된 책을 가져온 것이다. 무슨 책이냐고 물었더니 긍지에 가득 찬 표정으로 자기 아빠가 대학 때 읽은 책이라고 답했다. 20년이 훨씬 지나 비록 새 책에 비해 초라하고 낡았지만 아이는 아빠와 같은 책을 공유함으로써 아빠와의 유대감도 쌓고 존경심도 가지게 된 듯했다.

버리지 못하고 계속 가지고 있는 도서야말로 좋은 책이라고 할 수 있다. 특히 그중 내 아이에게 권하고 싶은 책이 있다면 그것보다 좋은 책은 없겠다.

물론 아이의 수준에 비해 어려운 책일 수도 있지만 부모가 먼저 읽은 책이니 적절히 엄선하여 권할 수 있을 것이다. 읽었는지조차 기억도 안 나는 수많은 책을 읽히는 것보다 읽을 때는 좀 힘들더라도 평생 기억에 남을 수 있는 책을 읽혀야 한다.

아이에게 질문해 보라. 평생 간직하고 싶거나 나중에 커서 자신의 자녀에게 읽히고 싶은 책이 있냐고 말이다. 이때 자신 있게 몇 권의 책을 꼽을 수 있다면 독서를 제대로 하고 있다고 생각해도 좋다.

아이의 바른 선택을 도울 수 있는 책

인생은 선택의 연속이다. '무엇을 마실까?', '어디 놀러 갈까?'와 같은 아주 기본적인 선택에서부터 '내 꿈은 무엇일까?', '어떻게 살아갈 것인가?' 하는 중대한 선택에 이르기까지 우리는 선택의 연속선상에서 산다고 해도 과언이 아니다. 그리고 그 찰나의 선택이 사람의 인생을 뒤바꿔 놓기도 한다. 그만큼 선택은 중요하며 이에 가장 큰 영향을 미치는 것이 '가치관'이다. 가치관은 판단의 기준이 되므로 올바른 가치관의 확립이 무엇보다 중요하다.

어릴 때는 부모님의 가치관이 아이에게 상당한 영향을 미치지만 커가면서 친구의 영향이 커진다. 하지만 평생 영향을 주는 것은 다름 아닌 책이다. 책은 한 사람의 가치관을 형성하지만, 그 가치관에 영향을 받은 사람은 국가와 민족 더 나아가서는 온 세계를 바꿔 놓기도 한다.

아이들에게『명심보감』,『소학』과 같은 인문 고전이나,『백범일지』,『난중일기』와 같은 위인들의 자서전 등을 읽히고 나면 태도가 사뭇 달라진다. 이런 책들은 아이들의 가치관을 형성하는 데 직접적이고 결정적인 역할을 한다. 특히 자서전은 위인들의 품성, 인격, 정신력, 애국심 등이 잘 드러나 읽는 사람에게 강한 영향력을 미치고 인문 고전은 인생 지침서 역할을 해준다.

부모는 아이에게 진실 되고 흔들림 없는 가치관을 심어 주어야 한다. 확고한 가치관을 가진 아이일수록 균형 감각과 세상을 읽을 수 있는 저력을 가지게 된다.

요즘 아이들은 물질주의와 쾌락주의가 만연한 사회 속에서 살아간다.

어려서부터 올바른 가치관을 가르쳐 주지 못한다면 말초적이고 눈에 보이
는 것만 쫓는 어른이 될 수도 있다. 가치관의 뼈대를 만드는 시기는 초등
학교 때이며 이때 가장 좋은 방법은 고전 읽기이다.

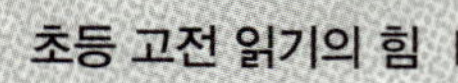

우선순위에 밀린
고전에 주목하라

책이 아니라 글자를 읽는 아이들

읽은 책은 많아도, 책의 내용을 물어보거나 어떤 점이 좋았냐고 물었을 때 제대로 답하는 아이들은 드물다. 이는 아이들이 양적인 독서에 치중하고 있다는 증거이다. 양적인 독서는 창의력과 사고력의 발달 기회를 빼앗아 간다.

올바른 책 선정법만 알아도 고전 읽을 시간은 충분하다

사실 한 해 동안 아이에게 읽혀야 하는 책은 베스트셀러, 권장 도서, 교과서 수록 도서 등 상당히 많다. 하지만 책의 판매 정도와 가치는 비례하지 않는다. 더욱이 모든 필수 도서를 읽힐 필요는 없다. 이 정도 기준만 갖고 있어도, 아이에게 읽혀야만 했던 무수히 많은 책들이 대폭 줄어든다.

만화책, 판타지책은 독서에 대한 관심을 높여 주지 못한다

책에 대한 관심을 불러일으키기 위해 많은 부모들이 만화책, 판타지책을 권한다. 하지만 이런 책에 재미를 붙인 아이는 글밥이 많은 책을 점점 더 꺼려하고 싫어하게 된다.

책에는 세대 차이가 없다

많은 책을 읽은 것이 중요한 게 아니라, 무슨 책을 어떻게 읽었느냐에 집
중하길 바란다. 자신이 어렸을 때 읽고 감동을 받은 책, 너무 좋아서 차마
버리지 못한 책들이 있을 것이다. 그 책들 중에 한 권을 골라 읽혀 보라.
시대가 다르다고 하지만, 좋은 책은 시대를 불문하고 읽는 이에게 깨달음
과 감동을 주는 법이다.

초등, 고전에 주목해야 하는 이유

“고전에 대한 고정 관념을 깨다”
고전 읽기는 그 효용성에 대해서는 모두 공감하지만,
실천하기는 어렵다.
이는 고전에 대한 잘못된 편견 때문이다.
고전은 오래된 책, 어려운 책, 특별한 지식가나
리더들만 읽는 책이라는 부모의 생각이
아이의 고전 읽기를 저해한다.

인생은 매우 짧고 그중에서도 조용한 시간은 얼마 안 된다. 우리
는 그 시간을 가치 없는 책을 읽는 데 낭비하지 말아야 한다.
- 존 러스킨

앞장에서 살펴보았듯이 잘못된 책 읽기에 빠진 아이들이 많다. 부모들
도 책만 많이 읽으면 학습 능력이 좋아지고, 사고력과 문제 해결력이 향상
될 것이라고 맹신한다. 수많은 교육서와 공부법 책들은 이러한 믿음을 더
욱 부추긴다. 하지만 중요한 것은 한 권이라도 좋은 책을 올바로 읽히는
것이다.

필자는 머리말에서도 말했지만 그동안 교육 문제로 힘들어하는 부모들
에게 조그만 힘이라도 보태 주고자 여러 공부법을 알려 주는 한편 독서의
중요성에 대해서도 언급해 왔다. 한편 맹목적인 책 읽기로 변질되어 가는
독서 현실에 대해 안타까움을 느꼈다. 그리하여 오랜 시간 그 해결책을 궁
리해 왔고, 드디어 답을 찾게 되었다.

그것은 바로 '고전 읽기'이다. 그러한 신념을 바탕으로 현재 전 학년을
대상으로 고전 읽기 프로젝트를 진행하고 있다. 시행한 지 얼마 안 됐지만
조금씩 드러나는 아이들의 변화에 학부모, 아이, 본인조차도 놀라워하고
있다. 부모가 고전에 대해 잘 모르고 부담스럽게 여기면서, 아이에게 고
전을 읽힐 수 있을까? 고전 읽기 효과에 대해 본격적으로 언급하기 전에

이번 장에서는 고전이란 무엇인지에 대해 이야기하려고 한다. 막연했던 고전에 대해 정리하고 새롭게 인식하는 계기가 되리라 생각한다. 또한 고전을 보다 친숙하고 편하게 느끼게 될 것이다.

고전은 고전이다

고전이 좋다는 데에는 많은 부모들이 공감하지만 막상 고전 읽기를 시키라고 하면, "도대체 고전이 뭘까?", "초등학생이 고전을 읽을 수 있을까?", "당장 읽혀야 하는 책도 많은데, 고전까지 어떻게 읽히지?" 등 부정적이고 막막해한다.

처음 전 학년 고전 읽기를 시작한다고 했을 때 학부모들의 반응 역시 마찬가지였다. 그래서 고전 읽기에 대해 본격적으로 이야기하기 앞서 먼저 고전의 정의에 대해 살펴보려고 한다.

고전이라고 하면 우리는 먼저 오래된 책을 떠올린다. '고전(古典)'은 말 그대로 '고전(古傳)'이라고 생각하는 것이다. 즉 오래전부터 전해 내려온 책을 우리는 고전이라고 부르는 경향이 있다. 몇천 년이 된 『논어』나 몇백

년이 된『천로역정』과 같은 책을 우리는 주저 없이 고전이라고 부른다. 하지만 고전이냐 아니냐를 단순히 시간으로만 따지면 곤란하다. 예를 들어 출간된 지 70년이 지난『어린 왕자』는 고전일까? 아마 고개를 끄덕이는 사람도 있겠지만 고개를 갸우뚱하는 사람도 있을 것이다. 그러면『꽃들에게 희망을』처럼 40년이 채 안 된 작품은 고전일까? 아마 더 많은 사람들이 고개를 갸우뚱할 것이다. 출간된 지 고작 10년밖에 되지 않은『나쁜 어린이 표』와 같은 작품은 고전일까? 아마 많은 사람들이 "에이! 그건 아니다."라고 말할 것이다. 또 어떤 사람들은 출간된 지 10년이 넘었으니 고전으로 인정해야 한다고 주장할 것이다.

이처럼 고전을 단순히 출간 시기로만 정의 내리는 데에는 무리가 있지만 굳이 시간으로 고전이냐 아니냐를 나누어야 한다면 30년을 기준으로 삼고 싶다. 보통 30년을 한 세대로 잡는데 만약 한 세대가 흐른 뒤에도 그 책이 계속 출간되고 독자들에게 읽히고 있다면 힘을 가진 책이라고 할 수 있지 않을까? 그리고 이런 책이라면 100년 후에도 사랑받고 있을 것이다.

그렇다면 고전은 그저 오래된 책일까? 고전은 그 내용에 수준이 있어야 한다. 즉 고전은 '고전(高典)'이라고 할 수 있다. 오래된 책이라고 해서 모두 고전 즉 수준 있는, 좋은 책은 아니다.

보통 고전을 영어로 'classic book'이라고 하는데 필자는 'great book'이라는 표현을 더 좋아한다. 고전은 옛날 책이 아닌 예전부터 내려오는 위대한 책이기 때문이다.

고전의 조건을 종합해 보면 고전이란 30년 이상 된(古傳), 수준 있는(高典) 책을 의미한다. 수준 있는 책이라고 하여 어렵게 생각할 필요는 없다.

그 내용과 전개, 담고 있는 가치관 등이 훌륭하다는 뜻이다. 간혹 어른조차 읽기 힘든 고전도 있지만, 아이들도 쉽게 읽고 즐길 수 있는 고전도 대단히 많다.

모든 양서의 기준을 제시한다

고전은 여러 가지 특징을 가지고 있다. 먼저 고전은 좋은 책의 기준을 제시한다. 좋은 책의 기준은 다양하다. 필자가 앞에서 좋은 책의 조건을 언급했지만, 이 외에도 '비전을 제시하는 책', '닮고 싶은 사람이 등장하는 책', '품위 있는 어휘와 문장으로 이루어진 책' 등을 들 수 있다.

하지만 좋은 책의 조건을 아무리 늘어놓는다고 해도 결국 고전의 한계를 벗어나지 못한다. 고전은 좋은 책의 조건을 총망라하고 있기 때문이다. 엄밀히 말하면 고전이 좋은 책의 범주에 들어가는 것이 아니라 좋은 책이 고전의 범주에 들어간다고 보는 것이 맞다.

또한 고전은 베스트셀러가 아니라 스테디셀러이다. 고전은 짧게는 수십 년, 길게는 수천 년 전에 출간되었지만 지금도 꾸준히 읽히고 있다. 아무리 수백만 독자에게 사랑을 받은 책이라도 10년 후에는 절판되기 일쑤이다. 하지만 고전은 변하지 않는 진리와 이야기들을 들려줌으로써 해가 거듭될수록 더욱 주목받는다.

고전은 일반 책에서는 얻을 수 없는 내용과 비교할 수 없는 깊이를 담고 있다. 문학 고전은 인간의 마음에 대해 알려 주고, 철학 고전은 인간의 생각을 가르쳐 준다. 그리고 역사 고전은 인간의 삶의 패턴을 소개한다. 이는 고전이 본질을 다루기 때문이고 본질이야말로 모든 이야기의 근본이 되는 텍스트라고도 할 수 있다.

마지막으로 고전은 인류의 보편적 가치를 담고 있기 때문에 나라와 인종, 세대를 초월하여 사랑받는다. 고전은 인간으로 하여금 자신의 인생을 돌아보게 하고, 진실된 삶에 대해 고민하는 이들에게는 등불이 되어 준다.

고전의 이러한 특성들 때문에 고전을 읽은 사람들은 인생의 터닝포인트나 새로운 기회를 발견할 확률이 높다.

고전에 대한
부모들의 편견

우리는 최신 베스트셀러는 읽지만 고전은 잘 읽지 않는다. 이런 모습을 꼬집는 사례가 있어 하나 소개하고자 한다.

어느 대학생이 저명한 교수에게 요즈음 한창 인기를 얻고 있는 베스트셀러를 읽어 본 적이 있느냐고 물었다. 그 교수가 읽지 않았다고 답하자 그 대학생은 출간된 지 3개월도 넘었으니 꼭 읽어 보라고 말했다. 그러자 이번에는 그 교수가 단테의 『신곡』을 읽어 봤느냐고 물었다. 그 대학생이 안 읽었다고 답하자, "나온 지 600년이나 되었으니 얼른 읽어 보게."라고 말했다.

이처럼 베스트셀러는 읽으면서 고전을 멀리하는 이유는 고전에 대한 여러 가지 편견 때문이다. 누군가 '고전이란 늘 읽어야겠다고 생각하지만 결국 못 읽는 책', '고전은 누구나 제목은 알고 있지만 누구도 잘 읽지 않는 책'이라고 정의 내린 것을 보았다. 고전에 대한 우리의 편견을 잘 꼬집은 정의라고 하겠다.

편견 1 : 고전은 아이가 읽기에는 어렵다

대부분 고전은 좋은 책이지만 어렵다고 생각한다. 그래서 어른이 읽기에도 버거운 고전을 아이들에게 읽히는 것은 무리라고 말한다. 이 말에 일정 부분 동의하지만 고전에는 여러 종류가 있다. 아주 어려운 고전도 있지만, 아이들도 충분히 읽을 수 있는 고전도 많다. 사람들이 고전을 어렵게 느끼는 것은 생소하기 때문이다.

아이들은 어른들의 상상 이상으로 수준이 높다. 다음은 6학년 아이가 『톨스토이 단편선』이라는 책을 읽고 쓴 글이다.

난 태어나서 한 번도 고전을 읽어 보지 않았다. 나에게 고전은 길고 어렵고 지루한 책이었다. 하지만 『톨스토이 단편선』을 읽고 나의 생각이 달라졌다. 고전은 정말 재미있고 감동적이다. 이 책을 읽기 전에는 그냥 뭐 책이겠지 하는 생각이 들었었다. 더구나 400쪽이나 되어 어떻게 다 읽을까 걱정을 했었다. 하지만 첫 작품인 <사람은 무엇으로 사는가?>를 읽고부터 고전이 재미있다라는 생각이 들기 시작했다. (후략…)

이 글을 쓴 남자아이는『톨스토이 단편선』을 읽기 전까지 제대로 된 문학 작품조차 읽어 본 적이 없었다. 이런 아이가 러시아의 대문호인 톨스토이 작품을 읽고 재미를 느낀 것이다. 물론 처음에는 힘들어했지만 읽는 사이 점점 빠져들었다. 이 아이는 다른 아이들보다 유독 재미있어했고 완독 후에는 이렇게 두꺼운 책을 자신이 읽었다는 사실에 굉장히 뿌듯해했다.

우리가 생각하는 것처럼 고전은 어렵지도 고리타분하지도 않다. 아이들이 범접하지 못할 정도의 책도 아니다. 고전은 누가 읽어도 쉽지 않지만 누구나 읽을 수 있는 책이다.

조선시대를 생각해 보라. 서당의 어린 학동과 나라를 경영하는 원로대신들이『대학』,『소학』,『논어』를 함께 읽으며 학문했다. 이처럼 고전은 누구나 읽을 수 있는 책이다. 다만 읽고 이해하는 깊이가 다를 뿐이다. 중국의 소설가이자 평론가인 린위탕은 "청년으로서 글을 읽는 것은 울타리 사이로 달을 바라보는 것과 같고, 중년으로서 글을 읽는 것은 자기 집 뜰에서 달을 바라보는 것과 같으며, 노년에 글을 읽는 것은 발코니에서 달을 바라보는 것과 같다."라고 말했다. 연령에 따라 책 읽기의 깊이와 체험이 다를 수 있음을 피력한 말이다.

초등학생이 읽는『명심보감』과 어른이 읽는『명심보감』은 그 깊이가 다를 수밖에 없다지만 연령에 상관없이 고전이 주는 깨달음의 깊이는 다른 도서의 추종을 불허한다.

편견 2 : 고전은 특별한 사람이 읽는 책이다

고전에 대한 또 한 가지 편견은 특별한 사람이나 읽을 수 있고 읽는 책이라는 생각이다. 고전 읽기로 유명한 철학자 존 스튜어트 밀은 자서전에서 "나의 지적 능력은 평균 이하로 그 이상은 결코 아니었다. 평범한 지적 능력, 평범한 신체 능력을 가진 사람이라면 누구나 내가 받았던 고전 읽기 교육을 성공적으로 해낼 수 있다."라고 고백했다. 밀의 고백처럼 고전은 특별한 사람만 읽는 책이 아니라 지극히 평범한 사람과 아이들도 읽을 수 있는 책이고 읽혀야만 하는 책이다.

편견 3 : 고전은 고리타분하고 케케묵은 책이다

어떤 부모들은 의아하게 생각할지도 모르겠다. 자고 일어나면 변하는 시대에 굳이 고리타분하고 케케묵은 고전을 읽어야 하는지 말이다. 더욱이 읽어야 할 책이 차고 넘치는데 한가하게 고전이나 읽고 있으라니, 이해가 안 갈 것이다.

필자는 이런 분들에게 19세기 영국의 저명한 지식인이자 비평가로 유명한 존 러스킨이 한 말을 들려주고 싶다.

"인생은 매우 짧고 그중에서도 조용한 시간은 얼마 안 된다. 우리는 그 시간을 가치 없는 책을 읽는 데 낭비하지 말아야 한다."

다독이 좋다고 하지만 수많은 책을 다 읽을 수는 없다. 어차피 우리는 한정된 시간에 한정된 책을 읽을 수밖에 없다. 그러니 어떤 책을 읽을 것인가 하는 선택만이 남는다.

아이들은 부모의 욕심으로 필요 없는 책까지 너무 많이 읽는다. 그 덕분에 많은 지식과 정보를 얻을 수는 있겠지만 그것들을 통합하거나 근본을 살피는 통찰력은 기를 수가 없다. 이는 수많은 연장을 가지고 있어도 그 연장의 사용법을 모르는 것과 같다.

최근 재선에 성공한 반기문 총장은 한 인터뷰에서 『공자』, 『노자』, 『맹자』 등 고전 문학에서 내면의 힘을 얻었다고 말했다. 이밖에도 수많은 성공한 사람들이 고전을 최고의 책으로 꼽으며 고전에서 얻은 지침과 가르침을 활용하고 있다. 만약 오래되고 케케묵은 내용이 담겨 있다면 과연 이것이 가능할까?

고전은 인류 사고의 근원이며 삶의 지혜이고 문제 해결의 실마리가 된다. 역설적으로 들리겠지만 오래된 과거를 담고 있는 고전이 미래를 열어주는 통로가 될 수 있는 것이다.

편견 4 : 고전은 내용을 이미 알고 있는 책이다

누구나 『제인 에어』, 『지킬 박사와 하이드』, 『국가론』, 『부활』, 『논어』, 『소학』 등 고전의 이름 정도는 다 알고 있다. 조금 더 관심 있는 경우 내용이나 줄거리까지 알고 있는 사람도 많다. 문제는 이미 내용을 알고 있으므로 굳이 읽을 필요가 없다고 생각한다는 점이다. 사람들은 주변 사람이 극찬한 영화는 내용을 이미 들었어도 보고 싶어한다. 자신이 직접 영화의 감동과 재미를 느끼고 싶기 때문이다. 반면 영화보다 더 많은 감동을 주는 고전은 내용을 알기 때문에 읽고 싶어하지 않는다.

단지 제목이나 줄거리를 안다고 그 책을 안다고 할 수 없다. 사람들은 고전에 대해서 이런 착각을 많이 한다. 읽지 않았으면서도 워낙 많이 들어 안다고 착각하는 것이다. 이런 현상은 유명한 고전일수록 더욱 심하다. 『논어』,『파우스트』등의 작품이 그렇다.

영국 철학자 화이트헤드는 "서양 철학은 플라톤의 철학에 대한 주석에 불과하다."라고 말했다. 화이트헤드가 동양 철학을 알았다면 이런 말을 했을 것이다. "동양 철학은 공자의 철학에 대한 주석에 불과하다."라고 말이다. 실제로 이제까지『논어』와 관련된 책이 3,000여 권이나 출간되었다고 한다. 우리는 주석에 불과한 수만 권의 책들은 열심히 읽으면서 정작 주석의 대상인 고전은 읽지 않는다. 어느 정도 안다고 착각하면서 말이다.

줄거리를 안다고 그 책을 안다고 할 수 없다. 책이 줄거리만 알아도 되는 거라면, 그 책의 보도자료만 봐도 되지 않을까?

편견 5 : 외국 고전이 우리 고전보다 우수하다

『격몽요결』,『동몽선습』,『목민심서』,『삼국사기』,『징비록』을 아는가? 외국 고전에 비해 우리 고전에 무심한 사람들이 많은데 정말 안타까운 노릇이다. 우리의 주옥같은 고전들이 일제 강점기와 전쟁, 독재 정권을 거치면서 근대 교육이라는 미명 아래 많이 사라지고 접하기 힘들게 되었다. 이로 인해 우리 고전이 낯설고 보잘것없는 것으로 여겨지게 되었다. 특히 한글 전용 교육은 이러한 현상을 더욱 부추겼다. 더욱이 고전을 현대적으로 번역하는 작업을 등한시하고 게을리한 결과 수많은 고전들이 박물관이나

서고에 묻히게 되었다.

우리의 것보다 남의 것을 대단하게 보는 사대주의가 고전에도 만연해 있다. 대학에서는 중국의 역사책인『삼국지』나『사기열전』은 열심히 읽으면서 우리의 역사책인『삼국사기』나『조선왕조실록』은 읽지 않는다. 플라톤의『국가』는 읽으면서 이에 견줄 만한『목민심서』는 읽지 않는다.『조선왕조실록』은 세계기록유산에 등재된 세계가 인정한 책이며,『목민심서』는 베트남에서 가장 위대한 지도자로 추앙받는 호치민이 전쟁 중에도 항상 가슴에 품고 다니면서 읽은 책이다.

임진왜란 당시의 모습을 담아낸 유성룡의『징비록』은 2003년에 영문으로 번역되었는데, 미국의 UC버클리 대학, 미시간 대학, 볼스테이트 대학에서 교재로 채택되어 사용되고 있다. 우리 아이들에게는 제목도 생소한 우리 고전을 미국 학생들이 읽고 있는 것이다. 이제라도 우리 고전에 관심을 가져야 할 때이다.

편견 6 : 어린이용 고전을 읽혀야 한다

초등학생과 청소년을 위해 많은 고전들이 축약되고 재구성되어 출간되고 있다. 만화로 된 고전책도 나와 어린이도 쉽게 접근할 수 있게 되었다. 이런 책들은 아이들이 고전 작품에 친숙해지는 데 도움을 주지만 추천하고 싶지는 않다. 원전의 맛을 제대로 느끼지 못할 뿐 아니라 이미 안다고 간주해 원전을 읽지 않게 만들기 때문이다.

어린이 눈높이로 출간된 고전들은 원전의 일부분만 요약해 소개하고 있기 때문에 줄거리는 원작과 비슷하지만 원전 본연의 색이나 강점은 사라지고 일반 창작 동화 같은 느낌을 준다. 이런 작품은 엄밀히 이야기하면 엮은이가 저자가 되는 셈이다. 이는 아이의 지적 능력 발달의 기회를 빼앗는 것이나 다름없다.

예를 들어 『제인 에어』를 집필한 샬롯 브론테는 850쪽에 달하는 자신의 책이 200쪽 정도의 축약본으로 편집되리라고는 상상도 하지 못했을 것이다. 이것은 마치 2시간짜리 영화를 30분 정도로 편집해서 보는 것과 같다. 2시간짜리 원작의 감동이 30분으로도 전달된다면 감독이나 관객 중 분명 한쪽에 문제가 있는 것이리라.

고전은 특별한 경우를 제외하고는 '온전한 책(Whole book)'으로 읽어야 한다. 여기서 말하는 온전한 책이란 고전 작품을 축약시키지 않은 원전 그대로의 책을 의미한다. 원작만이 줄 수 있는 사고와 상상의 공간이 있다. 원작을 읽어야만 작가가 전하고자 하는 숨은 뜻을 온전히 이해할 수 있는 것이다. 따라서 아이들에게 고전을 읽힐 때, 어린이를 위한 고전보다는 온전한 책을 읽히길 권한다. 외국 고전의 경우는 완역된 책을 읽히고, 우리나라 고전은 현대 감각에 맞게 번안된 책일지언정 축약된 책은 삼가야 한다.

편견 7 : 초등학생에게 인문, 철학 고전은 이르다

보통 초등학생에게 고전이라고 하면 명작 동화나 전래 동화만을 생각하기 쉽다. 필자의 경험을 비추어 봐도 『비밀의 화원』, 『톰 소여의 모험』, 『구운몽』 등의 문학 작품들은 원전이라도 아이들이 쉽게 읽어 나간다. 특히 독서력이 있는 아이들은 고전 문학을 대단히 재미있어하고 즐겨 읽기까지 한다. 이러한 이유들로 보통 아이들에게 고전을 읽힐 때는 일반적으로 문학부터 접근한다. 반면에 인문, 철학 고전들은 수준이 높고 어려워 적절하지 않다고 생각한다. 이는 다분히 어른 중심의 사고로, 어른들이 인문, 철학 고전을 고루하고 어렵다고 생각하기 때문에 아이들도 그럴 것이라고 지레 짐작하는 것이다.

어른들의 생각과 달리 아이들은 『명심보감』, 『소학』, 『채근담』, 『논어』, 『대화편』, 『명상록』과 같은 인문, 철학 고전을 곧잘 읽어 냈다. 오히려 몇몇 아이들은 어른 이상의 깨달음을 얻기도 했다. 적절한 인문, 철학 고전을 선택하여 잘 이끌어 준다면 문학 고전 이상으로 잘 읽을 수 있음을 확인했다.

제목 : 인(仁)의 모든 것

이번 주에는 5편 공야장부터 8편 태백까지 읽었다. 마음속에 오래 오래 새겨 두고 싶은 말들이 잔뜩 있었지만, 그중에서도 나는 5편 공야장의 11절이 가장 마음에 들었다.

자공이 말하였다. "저는 남이 저에게 하기를 바라지 않는 일을 저 또한 남에게 하지 않으려고 합니다." 공자께서 말씀하셨다.

"사야, 그것은 네가 해낼 수 있는 일이 아니다."

이 말은 입장을 바꿔 생각하는 일은 공자가 그토록 예뻐하던 자공도 할 수 없을 정도로 어려운 일이라는 것을 말하고 있다. 그러나 나는 이 말을 항상 실천할 수 있는 사람이 되고 싶다. 왜냐하면 이는 곧 남에게 예의 바르게, 착하게, 정직하고 솔직하게 대해야 한다는 뜻이기 때문이다. 이 뜻은 공자가 말씀하시는 모든 인과 도의 내용을 포함하고 있어 이루기 어려울 것이다. 그러나 이왕 하기로 했으니까 끝까지 열심히 해야지!

모든 사람은 남이 나에게 잘하기를 바란다. 또한 자신의 잘못을 용서받기를 원한다. 이를 입장 바꿔 생각하면 다른 사람에게 잘하고, 좋은 말만 하고 용서도 해야 한다. 며칠 이렇게 해보니까 사람이 얼마나 이기적인 존재인지 알게 되었다. 그러니까 나만이라도 좀 더 인간다운 사람이 되도록 해야지!

6학년 여자아이가 『논어』를 읽고 쓴 일기이다. 『논어』를 읽고 이 정도의 사고력과 통찰력을 가진 글을 쓸 수 있는 어른이 과연 얼마나 될까.

중요한 것은 책 선정과 읽는 방법이다. 필자는 6학년 아이들과 총 20장으로 구성되어 있는 『논어』를 하루에 한 장씩 반복해서 읽게 했다. 읽은 후에는 서로 의견을 나누고 경우에 따라서는 토론 활동을 진행하였다. 그랬더니 앞에서 소개한 일기처럼 놀라운 결과물들이 나오기 시작했다.

아이들이 인문, 철학 고전을 읽을 수 없다고 속단하는 것은 금물이다.

아이들 수준은 생각처럼 그렇게 낮지 않다. 아이들 역시 어른들과 다를 바 없이 인간의 근본적인 문제에 대해 고민한다. 인문, 고전 철학은 그런 고민들에 대한 수준 높은 답변을 제시해 주기 때문에 고전을 읽은 아이들이 순식간에 성장하는 것을 많이 보았다.

독서는 목적에 따라 지적 욕구의 충족을 위한 학습 독서, 인격 성숙이나 감성을 만족시키기 위한 감성 독서, 즐거움을 위한 오락 독서, 실용적 목적을 위한 실용 독서로 나눌 수 있다. 아이들은 평소 학습 독서, 오락 독서, 실용 독서에 치우쳐 감성 독서는 부족한 편인데 인문, 철학 고전은 감성 독서의 최고봉이라 할 수 있다. 이를 읽힘으로써 아이들에게 바른 가치관과 인격을 가르칠 수 있는 것이다.

편견 8 : 남녀 서로 다른 고전을 읽혀야 한다

10여 년 전만 해도 독서는 여자아이들이나 하는 행동이라 치부하며 독서를 멀리하는 남자아이들이 있었다. 여전히 여자아이들 수준에는 미치지 못하지만 지금은 남자아이들도 독서에 열중한다.

보통 남자아이들은 또래 여자아이들에 비해 언어를 담당하는 두뇌 영역과 신경 조직이 덜 발달되어 있으며 충동적인 뇌를 가지고 있다. 이로 인해 독서 수준이 여자아이들에 비해 떨어진다.

게다가 남녀의 독서 취향에서도 극명히 차이가 난다. 여자아이들은 문학 작품 중에서 『오만과 편견』, 『비밀의 화원』처럼 미묘한 감정과 관계를 묘사한 작품을 선호한다. 반면에 남자아이들은 허구 세계에 대한 열망 때문에『톰 소여의 모험』,『허클베리 핀의 모험』처럼 모험심 강한 캐릭터들이 등장하는 작품에 심취한다. 이는 남자아이 특유의 모험심이 반영된 결과이다.

그렇지만 남녀의 성별 차이가 독서 취향에 미치는 영향은 미미하다고 할 수 있다. 이보다 아이의 취미, 지적 능력, 적성, 생활 환경 등이 더 큰 영향을 미친다. 예를 들어 개성과 모험심이 강한 여자아이가 주인공인『내 이름은 삐삐 롱스타킹』,『산적의 딸 로냐』 등의 작품을 좋아하는 여자아이들도 많다. 남자아이 역시 섬세한 감정 표현과 인간관계가 돋보이는 문학 작품을 좋아하는 경우도 흔히 볼 수 있다.

남녀의 가장 큰 차이점은 오히려 책의 두께에 있다. 호흡이 긴 책은 확실히 남자아이들이 약하기 때문에 단편이나 단편 모음집을 선호한다.

즉 남녀에 따라 독서 배려가 필요하긴 하지만 지나치게 구애받을 필요는 없다.

고전이 만들어 낸 기적들 

두 권의 고전으로 세계를 선도하는 민족

세계 최고의 명문 대학으로 꼽히는 하버드에 재학하고 있는 학생 중 유대인의 비율은 30%를 넘는다. 한국, 중국, 일본 세 나라의 유학생 비율을 합쳐도 4.5% 밖에 되지 않는다고 하니 그 비율이 얼마나 높은지 알 수 있다.

또 다른 명문 대학인 아이비리그의 유대인 유학생의 비율 역시 하버드 대학과 유사하다. 이뿐만 아니라 노벨상 수상자 중 23%가 유대인이다.

세계 인구의 0.2%밖에 되지 않은 유대인들이 어떻게 이런 학문적 성취를 이룰 수 있는 것일까? 원인을 여러 가지로 분석할 수 있지만 그중 하나가 바로 고전 읽기이다.

유대인들은 어려서부터 철저하게 『토라』와 『탈무드』를 읽으며 자란다. 이 두 권은 유대인의 고전 중의 고전이다.

'던지다', '길을 가리키다'라는 뜻을 가진 『토라』는 성경의 모세 5경(『창세기』, 『출애굽기』, 『레위기』, 『민수기』, 『신명기』)을 이른다. 한편 '배움', '연구'라는 뜻의 『탈무드』는 유대교의 율법, 축제, 전통적 습관 등을 집대성한 책으로, 모두 20권으로 되어 있으며 1만 2,000여 페이지에 이른다.

유대인들은 매일 이 책들을 읽고 가족과 함께 토론한다. 토론 과정에서 부모는 끊임없이 자녀의 질문을 끌어 낸다. 어렸을 때부터 『토라』와 『탈무드』 교육을 받은 덕분에 유대인 중에는 문맹자가 한 명도 없다는 통계가 있다.

민족 전체가 같은 책을 읽는 나라는 없다. 이 두 권은 유대인들을 하나로 묶어 주며, 그들의 두뇌를 천재 수준으로 발달시켰다고 할 수 있다.

위인들의 책 읽기의 시작과 끝

성공한 사람 중에는 고전을 즐겨 읽은 사람들이 대단히 많다. 우리나라 역사상 가장 큰 성군으로 추앙받는 세종대왕, 최대의 실학자이자 개혁자인 정약용, 나라 없는 민족의 설움을 딛고 우리의 자존심을 세워 준 안중근과 김구 역시 고전을 열심히 읽었다고 한다.

세종대왕은 『구소수간』이라는 책을 1,000번도 넘게 읽었고 김구는 『대학』을 끊임없이 되새기며 자기의 뜻을 세웠다.

해외에도 고전에 심취한 위인들이 많다. 나폴레옹은 네덜란드 인문학자

에라스무스가 극찬한 『플루타르코스 영웅전』을 언제나 곁에 두고 읽었다고 한다. 저능아, 사고뭉치 취급을 받던 에디슨, 뉴턴이 훌륭한 위인이 될수 있었던 것도 인문 고전을 많이 읽은 덕분이다. 이밖에도 고전 읽기를통해 성공한 사람은 헤아릴 수 없이 많다.

위인들에게 고전은 책 읽기의 출발점이자 도착점이기 때문이다.

고전 한 권으로 대통령이 된 사람

미국 역사상 위대한 업적을 남긴 인물이자 존경받는 대통령인 아브라함 링컨은 고전 한 권으로 만들어졌다고 해도 과언이 아니다.

학교 교육이라고는 불과 일 년 남짓밖에 받지 못한 그가 어떻게 세계적인 위인이 될 수 있었을까? 그의 어머니의 유언에 따라 평생 고전을 읽었기 때문이다.

그가 아홉 살 때 그의 어머니는 어린 링컨에게 『성경』을 물려주며 다음과 같이 유언했다고 한다.

"내 아들아! 이 『성경』은 나의 부모님께 받은 책이다. 내가 여러 번 읽어 많이 낡았지만 우리 집의 값진 보배이다. 내가 너에게 100에이커(약 12만 평)의 땅을 물려주는 것보다 이 한 권의 『성경』을 물려주는 것을 진심으로 기쁘게 생각한다. 너는 『성경』을 읽고 『성경』 말씀대로 살아가는 사람이 되어 다오. 하나님을 사랑하고 이웃을 사랑하는 사람이 되어 다오. 이것이 나의 마지막 부탁이다."

그는 어머니의 유언을 명심했다. 훗날 링컨은 어머니를 회상할 때마다 이렇게 말했다.

"나의 오늘, 나의 희망, 나의 모든 것은 천사와 같은 어머니에게서 받은 것이다."

마침내 그가 대통령이 되었을 때, 그는 취임석상에서 『성경』을 들고 이렇게 고백했다고 한다.

"이 낡은 『성경』은 바로 어머니께서 저에게 물려주신 것입니다. 저는 이 『성경』으로 말미암아 대통령이 되어 이 자리에 서게 되었습니다. 저는 『성경』 말씀대로 이 나라를 통치할 것을 약속드립니다."

그는 그의 고백대로 『성경』에 근거하여 나라를 통치하고 가장 존경받는 미국 대통령이 되었다.

미국의 26대 대통령인 루스벨트는 "링컨 대통령은 『성경』 한 권으로 만들어진 사람입니다. 그 분은 『성경』 속에서 배운 진리를 자기 실제 생활에 적용해서 자신의 일생을 더할 나위 없이 영광스러운 생애로 만들었습니다."라고 말하기도 하였다.

『성경』이라는 고전 한 권이 링컨이라는 위대한 리더를 탄생시킨 것이다. 한 권의 고전에는 이런 힘이 있다.

삼류 대학에서 일류 대학으로, 시카고 대학

미국 일리노이 주에 있는 시카고 대학은 1890년 석유 재벌인 존 D. 록펠러에 의해 설립되었다. 실용 학문보다는 경제학, 정치학, 철학, 사회학과 같은 순수 학문에서 두각을 드러내며 인정받고 있다. 설립된 이후 지난

100년 동안 무려 총 85명의 노벨상 수상자와 44명의 로즈 장학생(로즈 장학금: 매년 전 세계 85명의 대학생을 선발해 옥스퍼드 대학에서 무료로 공부할 수 있는 기회를 주는 제도)을 배출했다. 하버드 대학은 노벨상 수상자가 40여 명에 불과하다.

오바마도 시카고 법학대학에서 헌법학을 강의하기도 했다. 시카고 대학은 세계에서 노벨상 수상자를 가장 많이 배출한 자타가 공인하는 명문 대학이다.

하지만 처음부터 그랬던 것은 아니다. 설립 초기에는 하버드나 예일에 비해 학업 성적이 60~70%에 불과한 학생들이 입학하는 삼류 대학에 불과했다. 그러던 것이 1929년 로버트 허친슨 총장이 부임하면서 사정이 달라졌다.

허친슨 총장은 어떻게 하면 좋은 대학으로 발전시킬 수 있을까를 고민하다가 'The Great Book Program(고전 100권 읽기 운동)'이라고 하는 고전 읽기 운동을 시작했다. 대학 4년 동안 『성경』을 필두로 한 고전 100권을 읽어야만 졸업을 할 수 있는 제도이다.

허친슨 총장은 다음 세 가지에 유념하면서 고전을 읽게 했다.

첫째, 자신의 모델을 정하라.
둘째, 영원불변한 가치를 발견하라.
셋째, 발견한 가치에 대하여 꿈과 비전을 가져라.

학생들이 고전을 한 권 두 권 읽기 시작하면서 놀라운 변화들이 일어나기 시작했다. 공부에 관심 없던 학생들이 하나둘 밤을 새워 가며 공부를 하기 시작한 것이다. 어떻게 이런 일이 일어났을까? 고전이 잠자고 있던 학생들을 깨웠기 때문이다. 고전과의 만남이 깊어지면서 학생들은 자기가 평생 닮고 싶은 인물과 자신의 꿈과 비전을 발견하고 이는 열정과 도전의 원동력이 되었다.

이런 변화들이 시카고 대학의 오늘을 만들었다. 고전이 만들어 낸 위대한 기적이라고 할 수 있다.

중국을 호령하는 칭화 대학

동양에도 고전을 읽히는 대학이 있다. 바로 중국의 명문 이공대 칭화 대학이다. 이 대학은 『사서삼경』, 『사기』 등 70권의 중국 고전과 30권의 서양 고전을 읽히고 있다. 칭화 대학이 고전 읽기를 강조하는 것은 다음과 같은 세 가지 이유 때문이라고 한다.

첫째, 서양 과학을 연구하더라도 과학자는 기본적으로 '인격'을 갖추어야 한다.
둘째, 고대 중국의 사상은 현대 과학과 깊은 연관을 맺고 있다.
셋째. 현대 과학을 연구하면서 생기는 의문은 고대 철학을 통해 답을 얻을 수 있다.

이러한 고전 읽기의 성과인지 칭화 대학은 중국 대학종합평가에서 베이

징 대학을 제치고 1위를 지키고 있으며 수많은 이공계 인재와 정치 지도
자들을 배출하고 있다. 현 중국 주석인 후진타오도 칭화 대학 출신이다.

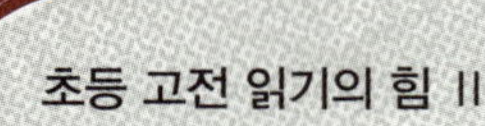

제대로 알아야
고전에 대한 생각이 바뀐다

고전은 '클래식'한 '그레이트' 북이다

고전을 출간 시기로만 정의 내리는 데에는 무리가 있다. 나온 지 불과 몇십 년 안 된 책에도 좋은 책이 많기 때문이다. 한 세대(30년)가 흐른 뒤에도 사랑받는다면 고전이라 부를 자격이 된다. 또한 고전은 내용에서 수준이 있어야 한다.

조선시대, 어린 학동과 나라를 경영하는 원로대신은 같은 책을 읽었다

고전은 좋은 책이지만 어렵다고 생각한다. 하지만 아이들은 어른들의 상상 이상으로 고전을 잘 읽는다. 조선시대 서당에서 『대학』, 『소학』 등의 책을 가르친 것을 봐도 알 수 있다. 단지 읽고 이해하는 그 깊이가 다를 뿐이다.

읽혀야 할 책이 아니라 읽어야 하는 책에 주목해야 한다

많은 부모들이 고전이 좋다는 사실은 인지하고 있다. 하지만 읽어야 하는 수많은 책에서 고전을 추가하려니 막막하기만 하다. 중요한 것은 읽혀야 하는 책이 아니라 읽어야 하는 책이다. 요즘 아이들은 필요 없는 책까지 너무 많이 읽는다. 지식과 정보는 쌓을 수 있겠지만 이를 통합하거나 활용하는 능력은 얻지 못한다.

남자아이의 고전 독서법, 여자아이의 고전 독서법

남녀의 고전 읽기를 비교하며 차이를 보인다. 남자아이들은 모험과 판타지 내용을 좋아하는 반면, 여자아이들은 섬세한 감정과 관계를 묘사한 내용을 좋아한다. 하지만 남녀의 성별 차이가 고전 읽기에 미치는 영향은 미미하다. 이보다 아이의 취미, 지적 능력, 적성, 생활 환경이 더 많은 영향을 미치므로, 성별을 구분하여 접근하지 않아도 무방하다.

고전은 아이들의 잠자는 거인을 깨운다

명문 시카고 대학은 설립 초기 삼류 대학에 불과했다. 하지만 허친슨 총장의 '고전 100권 읽기 운동' 이후, 공부와 담을 쌓던 아이들이 공부에 매진하는 모습을 보였다. 고전 속에서 목표와 꿈을 발견한 아이들이 무모한 도전을 시작한 것이다. 그리고 이는 85명의 노벨상 수장자와 44명의 로즈 장학생 배출이라는 결과로 이어졌다.

3장

아이의 정서를 코칭한다

"부모의 교육 철학을 세워라"

초등 부모들은 자신의 아이가 다른 아이들보다 뛰어나길 바라며
경쟁하듯 학원에 보낸다. 하지만 많은 실험에서도 드러났듯이
정서가 안정되고 바른 인성과 풍부한 감정을 가진 아이들이 성공한다.
하루에도 몇 번씩 흔들리는 마음을 다잡고,
고전 읽기로 아이들의 정서를 발달시키자.

필자가 몸담고 있는 학교는 국내 유일 전 학년을 대상으로 고전 읽기를 실시하고 있다. 일명 '동산 고전 읽기(The Great Book Dongsan Program)'이다. 이를 위해 일견 독서 전문가라고 할 수 있는 선생님들이 모여 학년별 아이들의 발달과 특성을 고려하여 고전을 선정하였다. 그리고 일주일에 한 시간씩 정규 교과 과정에 고전 읽기 시간을 배치하고 이외 추가적으로 아침 독서 시간과 재량 시간을 활용해서 고전을 읽히기로 하였다. 이는 아이들이 제 나이에 적합한 약 100권의 고전을 읽고 졸업할 수 있도록 한 프로젝트이다.

수많은 고전 사례를 통해 고전의 효과가 입증되었지만, 초등학생에게 그것도 전 학년에게 읽힌다는 것은 모험이기도 했다. 하지만 확신을 가지고 밀어붙였고 책 선정에만 1년 가까운 시간을 투자하는 등 본격적인 진행에 앞서 사전 작업을 철저히 하였다.

신기하게도 프로젝트 진행 이후 아이들이 조금씩 달라지는 모습을 보였다. 고전 읽기를 시작한 지 불과 반년 정도밖에 되지 않았는데도 조금씩 변화가 드러나기 시작했다. 뚜렷한 성과라고는 말할 수 없지만 주목할 만한 효과라고 생각한다.

이번 장에서는 고전 읽기 프로젝트 이후 아이들에게 어떤 변화가 일어났는지를 본격적으로 소개하고자 한다. 이를 통해 꼭 초등학교 때 고전을 읽혀야 하는지에 대한 답을 발견할 수 있을 것이다.

'나'가 아닌 '우리'를 깨닫게 한다

아이들과 고전 읽기를 하다 보면 어떤 아이들은 그 효과가 기대 이상으로 드러나곤 한다. 이는 독서 능력과도 밀접한 관련이 있지만 고전을 대하는 태도가 더 많은 영향을 미친다.

필자는 평소 아이들에게 고전을 읽기 전이나 읽는 중간에 고전을 읽으면 어떤 점이 좋은지, 혹은 고전 읽기를 통하여 훌륭한 인물이 된 사례 등을 이야기해 준다. 처음에는 흥미가 없던 아이들도 점점 관심을 보인다.

어떤 일을 시작하기 전에 그 일에 대한 긍정적인 기대감과 열린 마음을 갖게 하는 것은 일의 성패를 가른다.

제2차 세계대전 중에는 약이 부족하여 가짜 약을 투여했다고 한다. 하지만 이를 진짜 약으로 믿었던 환자들은 정말 병이 나았다고 한다. 일명

‘위약 효과’라고도 하는 플라세보 효과는 믿음과 확신이 실제에 어떤 영향을 미치는지 단적으로 보여 준다.

고전 읽기 역시 아이와 부모 모두 충분한 이해와 확신 가운데 시작하는 것이 중요하다. 고전 효과는 크게 정서적인 측면과 학습적인 측면으로 나눌 수 있다. 특히 정서에 주는 효과는 고전 읽기가 줄 수 있는 가장 큰 선물 중의 하나이다. 고전은 인성과 감성, 정서에 매우 긍정적인 영향을 미친다. 안정된 정서와 올바른 인성, 풍부한 감성이 중요하다는 사실은 인정하지만 초등학교 때부터 경쟁이 시작되면서 이러한 교육을 실천하기는 어렵다. 더욱이 정서(인성) 교육의 효과는 바로 드러나지 않기 때문에 공부에 올인하게 되는 경우가 많다.

여기 아이의 성공을 위해서는 정서(인성) 교육에 힘써야 함을 보여 주는 연구 결과가 있다. 바로 ‘보스턴 40년 연구’로, 보스턴 대학의 헬즈만 교수가 7세 아이 450명을 대상으로 아이의 성장에 무엇이 결정적인 영향을 미치는지를 연구한 것이다. 선발된 아이들의 지능, 정서(인성과 감성), 부모의 사회적, 경제적 지위 등을 조사한 후 40년이 지난 뒤 아이들의 모습을 살펴봤더니 흥미로운 결과가 나왔다. 450명 가운데 성공한 아이들은 지능이 높거나 부모의 배경이 좋은 아이들이 아니라, 정서 부분에서 우수한 점수를 받은 아이들이었던 것이다. 즉 감정을 잘 조절하고 타인과 어울리기를 즐기며 긍정적으로 생각하는 아이들이 훗날 존경받는 인재가 되었다.

이 연구를 통해 무엇보다 정서(인성) 교육에 주목해야 함을 알 수 있다. 그리고 고전 읽기는 아이들의 정서(인성) 발달에 탁월한 효과가 있다.

잔소리보다 센 고전

아이의 정서(인성) 교육에 고전 읽기만 한 것은 없다. 아무리 바른 소리라도 부모의 말은 잔소리나 설교 같지만 한 권의 고전은 아이들에게 어떻게 행동해야 하는지, 무엇이 중요한지를 자연스럽게 깨닫게 해준다.

고전 속 위인의 이야기는 특히 정서(인성) 교육에 효과적이다. 고전의 주인공은 하나같이 성실하고 정직하며 책임감과 희생정신이 강하다. 예를 들어『나무를 심은 사람』의 주인공인 엘제아르 부피에는 황폐해진 마을 야산에 나무를 심는다. 마을 사람들은 자신들의 탐욕을 채우려고 혈안이 되어 있는 데 반해 그는 묵묵히 나무를 심어 마을을 다시 살려 낸다.

이 이야기는 인간의 이기심과 탐욕, 환경의 소중함과 더불어 어떤 삶을 추구해야 하는지를 생각하게 만든다. 고전 읽기를 시작하면 이러한 경험들을 많이 하게 된다.

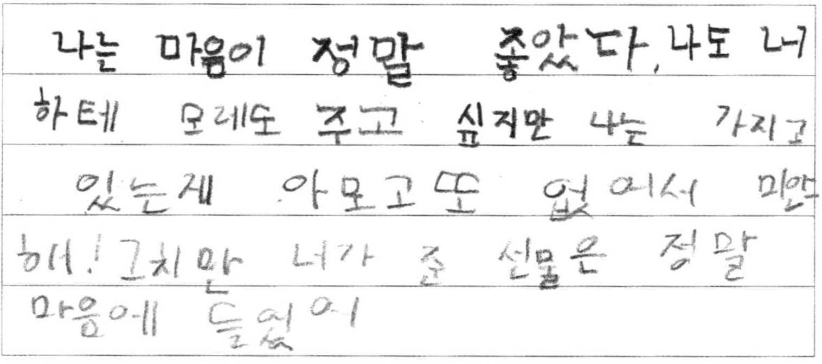

위의 글은 1학년 아이가『아낌없이 주는 나무』를 읽고 나무에게 보낸 쪽지이다. 맞춤법도 틀리고 글씨도 삐뚤빼뚤하지만 나무를 향한 고마움과

미안함이 잘 드러난다. 일상생활 속에서 그 무엇이 아이들에게 이런 마음을 선사할까?

특히 놀라운 것은 아무리 이야기해 줘도 이해하지 못했던 것을 아이가 스스로 깨닫기 시작한다는 것이다. 다음의 일기를 살펴보길 바란다.

공자께서 말씀하셨다. "예가 아니면 보지 말고 예가 아니면 듣지 말며, 예가 아니면 말하지 말고 예가 아니면 움직이지 말아라." 안연이 말하였다. "제가 비록 총명하지는 못하오나 이 말을 명심하고 실천하겠습니다." (중략…)

우리는 학교에서 욕을 한다. 이것은 예가 아니다. 우리는 학교 복도에서 뛰어 다닌다. 이것 또한 예가 아니다. 공부를 잘한다고 예를 무시하여도 되는 것인가?

안연이 말하길 자신은 똑똑하지는 않지만 이것을 실천하겠다고 하였다. 공부를 잘하는 것보다 예를 지키는 것이 더 중요한 것은 아닐까?

이 일기를 통해 아이가 『논어』를 읽고 욕이 왜 안 좋은지, 학교 규칙을 왜 지켜야 하는지, 공부보다 인성이 중요하다는 것을 조금씩 인지하기 시작했음을 알 수 있다. 또 다른 아이는 평소 욕을 많이 해 친구들이 별로 좋아하지 않았다. 그런데 어느 날 그 아이가 "『논어』를 읽고 나서부터 욕이 줄고, 화도 잘 안 내고, 친구들과 잘 어울리게 되었다.”라고 말하는 것이었다. 필자가 봐도 욕이 현저히 줄어든 것을 알 수 있었다.

요즘 아이들은 혼자인 경우가 많아서인지 자기중심적이다. 학교 규칙을 지키기보다 자신이 편한 것을 추구하려 하고, 공부만 잘하면 설령 나쁜 행동일지라도 허용된다고 생각한다. 그런데『논어』의 한 구절이 자기 반성을 이끌어 내다니, 백 마디 잔소리보다 한 권의 고전이 더 효과적이라는 증거가 아닌가!

또한 저학년들이 즐겨 읽는 전래 동화들은 권선징악과 인과응보의 주제가 명확하여 정의감과 옳고 그름의 판단 기준을 제시해 주고 자신의 행동에 따른 결과를 인지하게 하는 효과가 있다.

아이의 경험 한계를 부순다

사람의 경험에는 한계가 있어서 자신이 경험해 보지 못한 것들에 대해서는 이해하지 못하고 편협한 사고를 가지기 쉽다. 세상의 모든 경험을 직접 해볼 수는 없지만 간접적으로 하는 방법이 바로 책, 그중에서도 고전이다.

고전에는 다양한 나라와 시대의 문화가 녹아 있다. 예를 들어『허클베리 핀의 모험』을 읽으면서 흑인 노예가 존재했던 1800년대 미국의 시대상과 그 사람들의 가치관을 알 수 있다. 아이는 이런 책을 읽으면서 우리와 다른 문화를 인지하고 인정하게 된다.

이뿐만 아니라 고전 속에는 다양한 등장인물이 등장한다. 인물들 간의 대화나 감정 변화, 미묘한 관계 등에 대한 묘사 속에서 아이는 현실 속의 닮은 인물을 떠올리게 된다. 나와 닮은 인물, 내 친구를 닮은 인물 등 그런 고전 속 인물들과 만나며 '다른 사람들도 나처럼 살아가는구나.', '내가 이렇게 행동할 때 상대방은 이렇게 느끼는구나.', '나만 그런 게 아니구나.'라고 알아간다. 이를 통해 포용의 전제 조건인 공감을 배우게 된다. 그러면서 사회는 내가 좋아하는 사람만 존재하는 것이 아니라 나와 맞지 않는 사람도 공존한다는 사실을 인식하게 된다. 이것이 바로 사회화의 과정이다. 우리가 말하는 사회성이 좋다는 의미는 포용성이 좋다는 말과도 일맥상통한다. 이 과정 속에서 아이는 자신도 모르는 사이에 다양성을 인정할 줄 아는 포용력을 키우게 된다.

그리고 이는 아이들의 친구 관계에 긍정적인 영향을 미친다. 사람이 행복하다고 느낄 때는 언제일까? 아마 자신이 원하는 일을 성취하거나 갖고 싶은 것을 가졌을 때일 것이다. 그런데 사실 대부분의 행복은 관계에서 온다.

학교 현장에서 아이들을 봐도 그렇다. 친구들이 많고 인기가 높은 아이들은 항상 밝고 생기가 넘친다. 그렇지 못한 아이들은 어둡고 화난 표정을 하고 있다. 아이들 세계에서는 친구가 가장 큰 고민이자 문제이다. 따라서 부모는 아이들의 친구 관계에 많은 신경을 써줘야 한다.

관계는 공감과 소통에서 시작된다. 고전 문학은 공감 능력과 소통 능력 향상에 매우 좋다. 다양한 등장인물을 통해 사람을 포용하고 이해하는 공감 능력이 키워진다. 이뿐만 아니라 책 속의 주인공들이 상황에 따라 어떤 말을 구사하는지, 어떻게 표현하는지를 보여 준다. 아이들은 고전 문학을 읽으며 이런 의사소통 방식을 자연스럽게 익히고 자신의 것으로 만들게 된다.

나아가 고전 문학은 관계의 소중함을 알려 준다. 내가 한 말과 행동이 관계에서 어떤 영향을 미치는지를 보여 주고 좋은 관계를 맺기 위해서는 다른 사람을 배려해야 함을 가르쳐 준다. 그리고 이러한 깨달음은 실제적인 변화로 이어진다.

위인들의 꿈이 다운로드된다

　부모들은 자신의 아이가 꿈을 가지기를 바란다. 그도 그럴 것이 꿈이 있는 아이와 꿈이 없는 아이는 너무나도 다르다. 꿈이 있는 아이는 누가 시키지 않아도 열정적으로 공부하지만 꿈이 없는 아이는 부모의 잔소리와 강압에 못 이겨 억지로 공부한다.

　그렇다고 부모가 꿈을 주입시키거나 인위적으로 꿈을 가지게 해서는 안 된다. 이런 꿈은 아이에게 아무런 원동력이 되지 못한다. 아이는 그저 숙제처럼 느낄 뿐이다. 부모의 철저한 관리에 의해 명문 대학을 간다고 하더라도 꿈이 없는 아이는 결국 주저앉고 만다. 이를 증명하듯 1985년부터 2007년 사이 아이비리그 외 14개 대학에서 한국 학생들의 중도 포기율이 44%에 달했다고 한다. 이는 다른 나라의 유학생들에 비해 월등히 높은 수

치이다. 어려서부터 대학이라는 꿈만 주입된 아이들이 막상 대학에 들어가고 나니 도대체 무엇을 공부하고 앞으로 무엇을 해야 할지 혼란에 빠져 주저앉고 마는 것이다. 철학자 플라톤은 '자유인은 자신의 꿈을 이뤄 가는 사람이고 노예는 남의 꿈을 이뤄 주는 사람'이라고 말하였다. 아이에게 진짜 꿈을 심어 주기 위해서는 어떻게 해야 할까?

아이들의 꿈이 자주 바뀌는 이유

역사적 위인들 중에는 고전에서 꿈을 발견하고 그 꿈을 이룬 사람들이 많다. 링컨 대통령은 『톰 아저씨의 오두막』을 읽고 노예 해방의 꿈을 꾸었고, 발명가 에디슨은 『자연 과학과 실험 과학 입문』이라는 책을 읽고 발명가의 길로 들어섰다. 곤충학자 파브르 역시 『시튼 동물기』를 읽고 곤충의 생태를 연구하기 시작했다. 이밖에도 역사 전공자들 중에는 시오노 나나미의 『로마인 이야기』에 감명을 받아 역사학자를 꿈꾼 이가 적지 않다.

고전은 아이들에게 꿈을 발견하게 한다.

(…전략) 몸이 매우 불편하여 누워 신음하고 있는데, 명나라 장수가 중간에서 늑장을 부리는 것은 아마도 간사한 꾀가 없지 않은 것 같다는 말이 들려 왔다. 그렇잖아도 나라를 위해 걱정이 많은데, 명나라 군사까지 말썽이니 더욱더 한심스러워 눈물이 쏟아졌다. (후략…)

−이순신 『난중일기』 중에서

『난중일기』의 일부분으로, 전쟁을 도와주러 온 명나라 군사들이 늑장을 부리는 것을 안타까워하는 내용이다. 이를 읽은 아이들은 나라를 사랑하는 이순신 장군의 마음에 차츰 동화되었다. 그리고 책장을 덮었을 때 그동안 생각지도 못했던 나라의 소중함을 인지하고 제법 나라에 대해 고민하는 모습을 보였다.

초등 3학년은 공감 능력이 자라나는 시기, 4학년은 자아가 자라는 시기, 5학년은 글을 통해 간접적으로 경험하는 능력이 발달하는 시기, 6학년은 자신만의 세계를 가지려고 하는 시기이다. 그만큼 초등 아이들은 책의 인물이나 내용에 많은 영향을 받는다. 아이들의 꿈이 자주 바뀌는 것도 이 때문이다.

아이들에게 고전을 읽히면 단편적인 꿈과 평범한 생각밖에 할 줄 몰랐던 아이가 변하기 시작한다. 고전에 계속 노출되면서 그들처럼 사고하는 방법과 그들의 지혜를 습득하게 되기 때문이다. 물론 이 변화는 아주 서서히 일어난다.

고전은 그 분야의 선두이자 근본이 되는 책이다. 오랫동안 고민하고 연구한 저자의 진귀하고 생생한 이야기는 아이들을 감동시키고 저자와 똑같은 꿈을 꾸게 한다. 위대한 삶을 살다 간 인물들이 쓴 책에 접속하는 순간 그가 지닌 엄청난 꿈이 아이에게 그대로 다운로드되는 것이다. 이런 의미에서 꿈은 '갖는다'라는 말 대신에 '잉태된다'라는 표현이 더 적합할 듯하다.

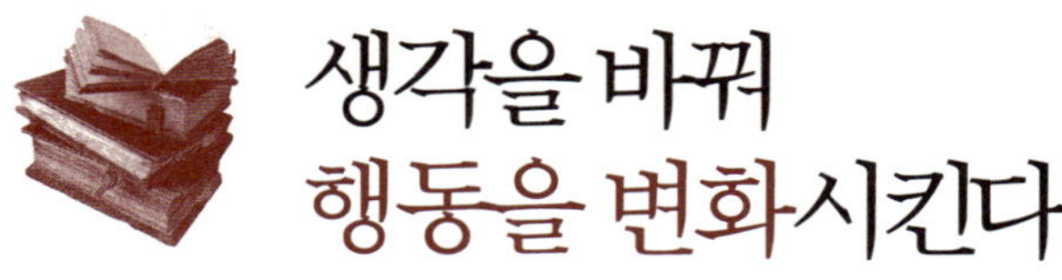

생각을 바꿔 행동을 변화시킨다

말끝마다 욕을 하는 아이가 있어 혼을 냈더니, 그 아이가 이렇게 묻는 것이었다. "선생님! 욕하는 것이 그렇게 나쁜 일인가요?" 그래서 "너는 욕하는 것이 아무렇지도 않다고 생각하니?"라고 되묻자 "좀 잘못된 일인 것 같긴 하지만 재미있으니깐 해도 된다고 생각해요."라고 대답하는 것이었다. 나는 순간 말문이 막혀 아이를 돌려보내고 말았다.

도대체 이 아이는 무엇이 잘못된 것일까? 문제는 아이의 가치관이다. 재미만 있으면 그것이 다소 나쁜 일이어도 괜찮다는 잘못된 가치관을 가지고 있는 것이다.

한 사람의 가치관은 모든 선택과 판단의 기준이 된다. '어떤 직업을 가질까?'처럼 중대한 문제를 비롯해서 '친구에게 먼저 사과할까, 기다릴까?'

같은 사소한 문제에까지 가치관이 작용한다. 지금 우리의 인생이 선택의 결과물이라면, 그동안 선택을 주도했던 가치관이야말로 성공과 행복의 핵심 키워드라고 할 수 있다. 따라서 부모는 아이에게 변하지 않는, 긍정적이고 건강한 가치관을 심어 줘야 한다.

섣부른 개입은 아이의 가치관에 악영향을 미친다

아이의 가치관은 어려서는 부모나 교사의 영향을 많이 받고 점차 나이가 들면서 친구나 대중 매체의 영향을 더 많이 받게 된다. 문제는 친구 역시 아이이기 때문에 올바른 가치관을 심어 주기 힘들며 오히려 집단 문화로 인해 잘못된 방향으로 인도하기 쉽다는 점이다.

대중 매체는 말할 가치도 없다. 아이들에게 허황되고 꾸며진 세계만을 보여 주는 대중 매체는 잘못된 성 의식과 가치관을 주입시키는 최대의 적이다. 더군다나 이 또래의 아이들에게 부모나 선생님의 개입은 역효과를 불러일으키기 쉽다.

가장 좋은 방법은 고전 문학을 읽히는 것이다. 고전 문학 속에는 항상 갈등 구조와 갈등 인물이 있기 마련인데 이 갈등 인물들은 서로 정반대의 가치관을 가지고 있는 경우가 많다.

예를 들어 『베니스의 상인』의 갈등 인물을 살펴보자. 여기에는 돈을 가장 중요시하는 샤일록과 친구의 우정과 명예를 중요시하는 안토니오가 나온다. 이 두 인물의 가치관 충돌을 중심으로 이야기는 전개된다.

아이들은 이런 고전을 읽는 동안 어떤 가치를 선택해야 할지 고민하게 된다. 이러한 과정을 반복하는 사이 자기 나름대로 가치관과 판단력을 확립하게 된다.

미국의 차기 대권 주자로 주목받고 있는 힐러리 국무장관은 자신에게 가장 영향력을 끼친 책 중의 하나로 루이자 메이 올콧의 『작은 아씨들』을 꼽으며 지금도 즐겨 읽고 있다고 한다. 이 책의 주인공인 조 마치의 열정과 지적 호기심을 동경하여 자신의 롤 모델로 삼았다는 것이다. 힐러리처럼 문학 작품의 주인공이 롤 모델이 되는 등 고전 문학은 다양한 방법으로 아이들에게 가치관을 심어 준다.

고전의 단점이 장점이 되다

3학년 학부모가 "선생님, 우리 아이가 『명심보감』을 읽고 나더니 정말 달라졌어요."라고 말하는 것이었다. 그래서 무엇이 달라졌냐고 묻자, "정확히는 표현하기 어렵지만 부모에 대한 존경심이 달라진 게 느껴져요."라고 말했다. 사실 그 어머니는 아이가 『명심보감』을 읽기 시작했을 때만 해도 이해는커녕 완독이나 할 수 있을지 걱정이 앞섰다고 한다. 하지만 지금은 아이의 변화에 놀라워하며 고전을 더 많이 읽혀야겠다고 눈을 빛냈다.

학교에서 고전 읽기 프로젝트를 진행한 후 수많은 부모님들이 이런 고백 아닌 고백을 하고 있다. 아이들이 180도 달라진 것은 아니지만, 조금씩 변화의 모습을 보이고 있고 그것을 부모님이 느끼고 있다는 의미인지라 대단히 뿌듯했다.

필자 역시 고전 읽기로 아이들이 조금씩 변해 가는 모습을 보면서 깜짝 놀라곤 한다. 특히 인문, 철학 고전을 읽힐 때 가장 많은 변화가 일어났다. 아이의 생각과 가치관이 바뀌기 때문이다. 인문, 철학 고전은 가치관의 결정체이다. 앞의 사례처럼『명심보감』을 읽다 보면 부모에 대한 존경심이 저절로 샘솟는다. 필자의 생각으로는 도덕 교과서 대신 인문, 철학 고전을 1년에 한 권씩 읽히는 것이 인성 교육에 훨씬 도움이 될 것 같다. 『논어』를 읽고 쓴 아이의 글을 봐도 그 영향력을 감지할 수 있다.

제목 : 『논어』와 헤어지며

한 달 정도 『논어』를 읽은 결과 드디어 20편까지 모두 읽었다. 처음엔 무슨 얘기인지도 잘 모르겠고 말 그대로 딱딱한 책이었다. 하지만 그동안 정이 들어 헤어지기가 매우 아쉽다.

500개가 넘는 구절들을 읽었는데 군자로서의 도리, 인을 행하는 방법, 도를 실천하는 방법 등에 관한 내용이 많았다. 나에게 가장 기억에 남는 것은 『논어』 12편 16절에 있는 "군자는 남의 좋은 점을 이룩하도록 해주고 나쁜 점은 이루어 주지 않지만, 소인은 이와 반대이다." 라는 구절이다.

나는 가끔씩 다른 친구가 옳지 않은 행동을 하면 말리기보다 같이 동참하는 경우가 많다. 그동안 나는 소인이었지만 이제부터는 군자가 되도록 노력해야겠다.

공자의 제자들도 군자가 되는데 많이 실패했지만 나는 끝까지 노력하여 남의 좋은 점을 이룩해 주어야겠다. 『논어』는 수천 년 동안 잊혀지지 않고 최고의 책이라고 불렸다. 내가 보기엔 미래에도 잊혀지지 않을 것 같다. 『논어』는 나중에 커서도 내 삶의 지침서로 삼을 것이다.

　사실 아이들이 고전을 어려워하는 것은 생활방식이나 가치관이 너무 다르기 때문이다. 요즘 아이들은 개인주의와 자기 위주의 가치관을 가지고 있다. 그런데 고전에는 부모와 주변 사람들을 먼저 위하며 승부의 승패보다는 과정을 중시하는 등의 내용이 나온다. 혹자는 이를 단점으로 꼽지만, 다른 가치관을 만난다는 것은 아이의 세계관을 넓히고 사람에 대한 이해의 폭을 넓혀 주는 계기가 된다.

　인문, 철학 고전을 함께 읽다 보면 아이들이 저마다 가치관을 세워 나가는 모습을 목격하게 된다. 개중에는 자기 삶의 지침을 발견하는 아이들도 있다. 물론 이것이 일시적일 수도 있지만 이런 깨달음 자체에 의의가 있다고 본다.

수필은 위인들의 가치관의 정수이다

　『난중일기』, 『백범일지』, 『열하일기』 등 위인들의 일기나 수필도 아이들에게 많은 감동을 준다. 이런 글에는 위인들의 가치관과 생각이 고스란히 드러난다. 이를 통해 아이들은 위인들은 우연히 된 것이 아니라 그들의 가치관의 발로임을 깨닫게 된다. 고전 문학이 인물들을 통해 간접적으로 가치관을 전달한다면, 이런 글은 직접적으로 전달한다. 그만큼 독자에게 더 큰 영향력을 미친다.

하루는 아이들과 『백범일지』를 읽고 느낌 점을 말하는 시간을 가졌다. 한 아이가 자기는 김구 선생님이 일본 사람들에게 고문을 받고 부끄러워서 우는 장면이 너무 충격적이고 감동적이었다면서 자신도 김구 선생님처럼 되고 싶다고 말했다.

이 아이가 감동받았다는 부분은 1911년 신민회 사건에 연루되어 백범이 투옥되었을 당시 이야기이다. 일본 순사들이 관련자들을 색출하기 위해 김구를 온갖 방법을 동원해 고문하는 장면이 나온다. 밤새 고문을 당하고 감방에 돌아온 김구는 눈물을 흘린다. 그런데 이 눈물은 고통스럽거나 억울해서 흘리는 눈물이 아니라 부끄러움의 눈물이었다. 일본 순사들은 자기 나라를 위해 밤을 새워 가며 최선을 다해 일(고문)하는데, 자신은 이제까지 나라를 위해 밤새워 일해 본 적이 있는가를 생각하며 눈물을 흘린 것이다. 필자도 이 장면을 읽으면서 깊은 감동에 책장을 잠시 덮었었다. 어떻게 그 상황에서 그런 생각을 할 수 있을까? 그분의 내면의 깊이와 넓이가 감히 가늠해지지 않았다.

6학년 남자아이도 이 장면에서 충격과 감동을 받았다고 고백하면서 심지어 김구처럼 되고 싶다니 김구의 가치관에 깊은 감명을 받은 것처럼 보였다.

이런 결심의 기회가 인생에 몇 번이나 찾아올 수 있을까? 고전을 읽는 자에게만 찾아오는 특권이라고 생각한다.

아이들의 철학적 의문을 자극한다

'인간은 어디에서 와서 어디로 가는가?', '삶과 죽음이란 무엇인가?', '나는 무엇을 위해 살아가야 하는가?' 등은 인류 공통의 화두이다.

철학자가 아니더라도 누구나 한 번쯤 이런 근원적인 질문을 스스로 던져 보고 답을 찾으려고 노력한다. 그리고 답을 찾은 사람은 그렇지 않은 사람보다 훨씬 행복하게 살아간다.

제목 : 나의 삶

내가 요즘 들어 가장 많이 하는 생각이 있다. '나는 왜 태어났을까?', '나는 왜 살지?', 심지어는 '죽어 보고 싶다.'라는 생각까지 해보았다. 그러나 이번 주에 읽은 고전에서 '뜻은 크면서 정직하지 않고, 무지하면서 성실하지도 않으며, 무능하면서 신의도 없다면, 그런 사람은 내가 알 바 아니다.'라는 말이 마음에 팍 꽂혔다. 딱 지금의 나라고 생각되어 지금까지 내가 생각했던 잡생각을 지우고 더 열심히 사는 내가 되기로 했다.(후략…)

이 글은 6학년 여자아이의 일기이다. 어른들 눈에는 마냥 어리게만 보이는 아이들도 어른과 똑같은 생각을 하고 인생의 문제를 고민하고 있음을 알 수 있다. '나는 왜 태어났을까?', '공부는 왜 하는 것일까?'는 아이들에게 자주 받는 질문이다.

철학적 고민을 시작하는 고학년

아이에게 철학적이고 심오한 질문을 받았을 때 명쾌하게 답해 주는 부모가 얼마나 될까? 설령 이에 대한 해답을 안다고 해도 이를 가르쳐 주기란 쉽지 않다. 오히려 해답을 스스로 찾아가는 과정이야말로 아이의 내면이 성장하는 계기가 된다.

고학년쯤 되면 이런 고민을 하는 아이들이 많아진다. 철학책을 권하는 것도 좋지만, 원론적인 철학 이야기로 인해 자신의 문제와 연결 짓지 못하고 답을 찾지 못할 확률이 높다. 역시 가장 권하고 싶은 것은 고전이다. 자연스럽게 철학에 대해 접근할 수 있기 때문이다.

고전에는 철학적인 물음에 대한 답이 담겨 있다. 수백 년, 수천 년 전에 쓰인 고전에서 우리가 현재 당면한 문제들에 대한 답을 얻을 수 있다. 그러지 못했다면 오랜 생명력을 가지지 못했을 것이다. 고전은 끊임없이 독자에게 문제의식을 심어 주고 해결책과 문제의 실마리를 제공한다. 그래서 시대나 국가에 국한되지 않고 사람들의 사랑을 받아 온 것이다.

또한 어느 시대의 사람이든 그 근본과 본성은 똑같다. 500년 전 조선시대 사람의 고민과 현대인의 고민이 똑같은 것은 이 때문이다. 한 아이가 쓴 글귀가 생각난다.

"『논어』라는 책은 나에게 많은 교훈을 준다. 그런데 놀라운 것은 내가 이제까지 잘못해 왔던 일을 이 책이 이미 다 알고 있다는 것이다."

이는 비단 이 아이만의 고백이 아닐 것이다. 애플의 최고 경영자인 스티브 잡스는 "만일 소크라테스와 점심식사를 할 수 있다면 우리 회사가 가진 모든 기술을 그와 바꾸겠다."라고 말했다. 전 세계 컴퓨터 회사들이 부러워하는 최신 기술을 소크라테스와의 점심식사와 바꾸겠다니. 잡스는 왜 이런 말을 서슴없이 한 걸까? 현재에도 고대 철학자인 그와의 대화는 무엇과도 비교할 수 없는 값어치가 있다는 뜻이리라.

고전은 세상을 바라보는 세계관, 모든 근원에 대한 탐구, 존재에 대한 의문 등 철학적 문제에 대한 질문과 해답을 준다. 특히 고전 문학은 이야기를 통해 선악의 문제, 인생의 의미, 신의 존재, 자아 정체성 등의 철학적 주제를 알려 주고 있어서, 아이도 비교적 부담 없이 읽을 수 있다. 대단히 철학적이지만 쉽게 읽을 수 있는 책으로 셰익스피어의 『햄릿』, 괴테의

『파우스트』가 있다. 지금까지 그 해석이 분분할 정도로 이들 책은 다양한 철학적 접근이 가능하다.

고전 문학들을 읽으면서 아이는 자연스럽게 작품이 전달하고자 하는 철학적인 문제들에 대해 생각하게 되고 평소 자신이 갖고 있던 고민을 발견하기도 한다. 이러한 고민과 생각이 반복되는 사이 어느 순간 답을 찾게 된다.

이를 증명하듯 고전을 읽고 난 후 오히려 마음이 차분해지고 머릿속이 정리되는 것 같다는 아이들이 많다. 보이지 않던 것이 보이고 해석이 안 되던 문제들이 해석되기 때문이다.

스스로 깨달을 때,
아이는 놀라울 정도로 변한다!

고전은 아이에게 꿈을 선사한다

초등 시기의 아이들은 공감 능력이 뛰어나고 자아가 자라면서 자기만의 세계를 가지려는 경향이 강하다. 그래서 책의 인물이나 내용에 많은 영향을 받는다. 고전은 그 분야의 선두이자 근본이 되는 책이다. 고전을 읽은 아이들이 풍부하고 입체적인 꿈을 가지게 되는 것도 이 때문이다. 링컨 대통령은 『톰 아저씨의 오두막』을 읽고 노예 해방을 꿈꾸었고, 곤충학자 파브르는 『시튼 동물기』를 읽고 곤충 생태를 연구하기 시작했다.

부모의 훈육은 아이의 마음을 변화시키지 못한다

아이가 자신의 행동에 대해 잘못을 깨닫고 반성하지 못한다면 부모의 훈육은 잔소리에 지나지 않는다. 고전은 아무리 이야기해 줘도 이해하지 못했던 것들을 아이가 스스로 깨닫게 한다. 특히 저학년이 즐겨 읽는 전래동화는 정의감과 옳고 그름의 판단 기준을 제시해 주고 자신의 행동에 따른 결과를 인지하게 한다. 또한 우정과 돈, 이기심 등 다양한 가치관을 다룬 이야기를 읽으며 자연스럽게 이에 대해 고민해 보게 된다. 이 과정 속에서 아이는 자신의 행동을 돌아보고 무엇이 옳은 행동인지를 분별해 가기 시작한다.

나의 행동과 말이 불러올 상대방의 반응을 알게 한다
고전 문학은 공감 능력과 소통 능력 향상에 매우 좋다. 책 속의 주인공들이 상황에 따라 하는 말과 행동이 관계에 어떤 결과를 불러오는지 보여 준다. 이를 통해 아이는 관계의 소중함과 올바른 의사소통 방식을 익히게 되어 친구 관계가 좋아진다.

고전은 어렵다? 그래서 읽어야 한다
아이들이 고전을 어려워하는 것은 그 속에 담겨 있는 생활방식과 가치관이 다르기 때문이다. 요즘 아이들은 개인주의와 자기중심적인 가치관을 가지고 있다. 그런데 고전에는 부모를 향한 효심, 승패보다 과정을 중요시하는 마음 등이 담겨 있다. 이런 다른 가치관을 만나면서 아이는 자신의 세계관과 사람에 대한 이해의 폭을 넓히게 된다.

고민하는 아이, 답을 제시하는 고전
고학년이 되면 많은 아이들이 철학적인 고민에 빠져든다. 고전을 읽으면 아이는 자연스럽게 작품이 전달하고자 하는 철학적인 문제에 대해 생각하게 되고, 그 속에서 평소 자신의 고민을 발견하기도 한다. 이러한 고민과 생각이 반복되는 사이 어느 순간 자신의 철학적 고민에 대한 답을 찾게 된다.

공부에 새로운 대안을 제시한다

"고전 읽기는 공부이다"

공부할 것이 너무 많아 고전 읽힐 시간이 없는가?
고전 읽기는 아이의 학습에 필요한 자극을 주는 최고의 도구이다.
수많은 위인들이 지진아였던 자신이 성공할 수 있었던 이유로
고전을 꼽는 것도 여기에 있다.
학습지와 학원을 줄이고 고전을 읽혀 보자.
가장 먼저 국어 점수부터 변화를 보일 것이다.

과학에서는 최신의 연구서를 읽어라. 문학에서는 최고(最古)의 책을 읽어라. 고전 문학은 항상 현대적이다.

- 에드워드 리튼

교사로서 아이들을 가르치다 보면 안쓰럽기 그지없다. 아침부터 저녁까지 아이들의 공부 스케줄은 실로 살인적이다. 학교 끝나기 무섭게 방과 후 수업이나 학원으로 달려간다. 저학년 아이들이 수업 중 코피 흘리는 모습은 이제 익숙한 풍경이 되었다.

그렇게 학업을 위해 무리하게 공부하지만 결과는 신통치 않아 보인다. 학원, 과외, 학습지에 치인 아이들의 눈빛에는 배움의 열망보다 체념이 가득하다.

그나마 다행인 것은 부모들이 조금씩 현명해지고 있다는 사실이다. 학원 돌리기식 공부의 한계를 조금씩 느끼고 다른 방안을 찾기 시작했다. 고전 읽기는 이런 부모들에게 새로운 대안이 되어 줄 것이다.

필자가 머리말에서도 말했지만 공부는 독서 그 이상도 그 이하도 아니다. 독서한 만큼 공부할 수 있고 성장할 수 있다. 독서 수준이 아이의 학습 능력 수준이다. 특히 고전 읽기는 어떤 책 읽기보다 학업적 성과가 뚜렷이 드러난다. 그중 하나가 바로 언어 능력의 향상이다. 언어 능력은 일생 동안 조금씩 길러지는 능력이 아니라 언어 조작기인 4~5세부터 발달하여 언어 지능이 확립되는 12세쯤 완성된다. 이후에는 언어 지능이 좀처럼 늘지 않는다. 그런데 고전을 읽힌 후, 아이들의 언어 능력이 급격히 발달되고 이것이 국어 성적에 고스란히 반영되는 것을 경험하였다. 이 외에도 다양한 학습 능력들이 발달하는 것을 확인할 수 있었다. 필자조차도 놀랐던 그 성과를 이번 장에서 살펴보려고 한다.

고전 읽기를 통해 얻을 수 있는 학습 능력은 단순히 암기력, 계산력 등의 실질적이고 단기적인 능력이 아니다. 학습의 근본이 되는 능력이자 응용과 활용에 필요한 능력이라고 할 수 있다.

초등, 아이의 어휘력이 완성되는 시기

좋은 작품의 선결 조건은 바로 좋은 어휘이다. 어휘들이 모여서 하나의 큰 생각 덩어리를 이룬 것이 작품이다. 따라서 어휘가 좋지 못하면 좋은 작품이 될 수 없다. 또한 6~12세는 두정엽, 측두엽이 발달되는 시기로 언어를 통해 사고하고 인지하는 능력과 상호작용 능력이 향상되므로, 언어 교육에 매우 힘을 써야 한다. 어휘력이 풍부하고 좋은 작품을 읽히기 위해 매진해야 하는 것이다.

더욱이 어휘력은 이해력과도 밀접한 상관관계가 있다. 어휘력이 낮은 아이들은 이해력이 낮고, 어휘력이 높은 아이들은 이해력이 높다. 어휘력은 그 사람의 세계가 되고 느낌의 깊이가 된다. 아는 만큼 표현하고 느낄 수 있기 때문이다. '어휘의 한계가 세계의 한계'라는 말은 이를 잘 대변해 준다. 어휘력이 부족한 아이들은 교과서를 잘 읽지도 못하거니와 교사가 하는 말을 잘 알아듣지 못한다. 이런 아이들은 집중력이 떨어지고, 수업 시간에 산만하다. 당연히 성적이 좋을 리 없다.

이처럼 어휘력은 공부와도 밀접한 상관관계를 갖는다. 신경생리학자이자 언어학자인 펜필드는 「결정적 시기 이론(Critical Period Theory)」에서 다음과 같이 말하였다.

"아동기는 생애 중에서 어휘 습득이 가장 왕성한 시기이다. 이때 습득된 어휘는 성인이 되어서 원활한 독서와 청취는 물론이고, 생각과 의사를 글로 쓰고 말로 표현하는 데 사용된다. 언어 습득은 아동기 이후에는 생물학적 제약을 받아 둔화된다. 따라서 어휘량이 풍부하고 좋은 어휘를 사용하는 어린이를 만들기 위해서는 아동기 독서가 결정적 역할을 한다."

사람의 어휘량과 어휘 수준의 75% 이상이 독서에 의해 결정되고 80%가 사춘기 이전에 완성된다고 한다. 한마디로 초등학교 때 어휘력을 키워줄 수 있도록 적절한 책을 읽혀야 하는 것이다.

아이가 읽는 책이 어휘의 한계이다

아이들의 어휘 구사 능력은 저학년 때까지 환경의 지배를 받는다. 여기서 말하는 환경이란 부모를 일컫는다. 아이는 부모의 어휘 습관을 그대로 보고 배운다. 그러다가 초등 3, 4학년 정도 되면 차츰 부모보다 책에서 영향을 많이 받는다. 독서를 통해 독립적인 정신 세계를 구축하고 강화시켜 나간다. 따라서 가급적 다양하고 좋은 어휘로 이루어진 책을 읽히기 위해 애써야 한다.

그렇다면 좋은 어휘로 된 책은 어떻게 선별할 수 있을까? 우선 이야기 주제로 구분할 수 있다. 욕설 등이 난무하는 공포물이나 판타지책 등은 사용되는 어휘에 한계가 있고 저급한 경우가 많다. 또한 표현이 한정되어 있는 것도 삼가는 것이 좋다. 필자는 고전 문학을 권하고 싶다. 어휘력을 확실히 잡아 준다. 순수 문학의 거장인 이효석의 『메밀꽃 필 무렵』 일부 구절을 잠시 살펴보고자 한다.

길은 지금 긴 산허리에 걸려 있다. 밤중을 지난 무렵인지 죽은 듯이 고요한 속에서 짐승 같은 달의 숨소리가 손에 잡힐 듯이 들리며, 콩포기와 옥수수 잎새가 한층 달에 푸르게 젖었다. 산허리는 온통 메밀밭이어서 피기 시작한 꽃이 소금을 뿌린 듯이 흐뭇한 달빛에 숨이 막힐 지경이다. 붉은 대궁이 향기같이 애잔하고 나귀들의 걸음도 시원하다. 길이 좁은 까닭에 세 사람은 나귀를 타고 외줄로 늘어섰다. 방울소리가 시원스럽게 딸랑딸랑 메밀밭께로 흘러간다. 앞장선 허생원의 이야기소리는 꽁무니에 선 동이에게는 확적히는 안 들렸으나, 그는 그대로 개운한 제멋에 적적하지는 않았다.

– 이효석 『메밀꽃 필 무렵』 중

소설이 시보다 더 서정적일 수 있다는 것을 보여 주는 글이다. 아름답게 빚어낸 우리말에 탄성이 새어 나온다. 이 글을 읽은 아이들 역시 연신 "와~", "캬~" 감탄사를 연발한다. 이 대목을 여러 번 읽고 소감을 말해 보라고 했더니 한 아이가 "글발에 숨이 막힐 지경이에요!"라고 대답했다. 이처럼 고전 문학들은 어휘력과 표현력이 돋보이는 글들이 많다. 마치 한 폭의 그림과도 같은 글들을 따라가는 사이 아이들은 저절로 그 어휘들을 학습하게 된다.

물론 우리 고전 문학에는 한자어나 고어가 많아 아이들이 읽기 힘들다. 모르는 단어의 뜻을 찾아 읽는다 해도 단어의 뜻을 찾는 중에 흐름이 끊기는 경우가 많아서 우리 고전 문학을 꺼려하는 경향이 있지만, 그만큼 새로운 어휘에 대한 자극도 많다. 더군다나 요즘 아이들에게는 낯선 효(孝), 충(忠), 우정 등의 가치관에 대해서도 접하는 기회를 제공하는 장점이 있다.

요즘에는 교과서에 고전이 많이 등장한다. 특히 고등학교에 가면 많은 고전 문학이 아이들을 기다린다. 이때 어렸을 때부터 고전 문학을 접해 오지 않은 아이들은 당황하면서 이해할 수 없는 이질적인 가치관과 갑자기 해결해야 할 낯선 어휘와 문장에 좌절하기도 한다. 고전 문학을 읽히는 것은 어휘력 증진뿐만 아니라 중고등학교 고전 공부에도 상당한 도움이 될 수 있다.

서술형 문제와 논술에 강해진다

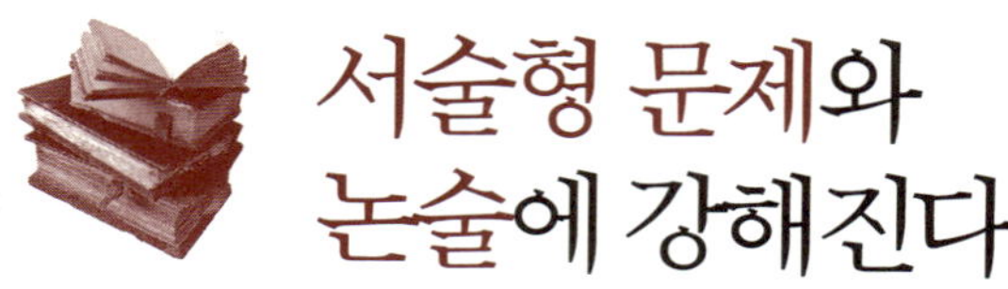

　교육 제도의 변화로 글쓰기가 점점 더 중요해지고 있다. 입학사정관제로 자기 소개서와 학업 계획서에 대한 비중이 높아지면서 감독관을 사로잡을 글쓰기가 필요해졌다. 더더군다나 서술형 문제와 논술형 시험의 비중이 높아지면서 글쓰기는 아이들이 반드시 갖추어야 할 능력이 되었다. 비단 학업 때문이 아니라 정보가 곧 능력인 시대인 만큼 수많은 정보에서 핵심을 간추리는 능력과 글쓰기 능력이 대단히 중요해졌다.

　한국독서교육개발원에 의하면 88% 이상의 학생들이 글쓰기 고통을 호소하고 있다고 한다. 이는 일본의 70%대, 미국의 50%대, 프랑스의 40%대에 비해 매우 높은 수치라고 할 수 있다. 도대체 무엇이 문제일까?

글쓰기는 기술이 아닌 사고의 과정이다

흔히 독서는 입력(input)에 비유하고, 글쓰기는 출력(output)에 비유한다. 맞는 말이다. 다른 사람의 글을 많이 보고 익힌 사람이 배경 지식이 풍부해 그만큼 설득력 있는 글을 쓸 수 있다.

요즘 아이들의 독서량은 엄청 나지만 그 읽기 방식이 잘못되어 사고력과 이해력, 글쓰기 능력이 향상되지 않는다. 그래서인지 많은 아이들이 글밥이 많거나 긴 글을 만나면 머리가 아프다고 호소한다. 읽기 호흡이 짧고 이해력이 부족한 아이들은 생각을 전개하거나 정리하는 데 어려움을 겪는다. 쓰다 만 듯한 글을 쓰거나 문장 전개가 징검다리처럼 왔다 갔다 하는 것은 이 때문이다.

힘이 센 글쓰기를 하기 위해서는 어떻게 해야 하는 것일까?

스키마를 늘려야 한다. 스키마란 머릿속에 형성된 이해 방식으로, 어떤 새로운 것을 이해할 때 사용되는 구축된 정보와 지식이라고 할 수 있다. 배경 지식이라고도 할 수 있는데, 책을 많이 읽은 아이일수록 스키마가 많이 형성되어 있고, 글쓰기를 잘한다. "100권을 읽고 10권을 말하고 1권을 쓰게 하라."는 말은 글쓰기를 위해 얼마나 많은 책을 읽고 생각해야 하는가를 잘 말해 주고 있다.

여기서 간과하지 말아야 할 것이 있다. 아이가 무슨 책을 읽느냐에 따라 간접 경험의 양과 질에서 엄청난 차이가 발생한다. 책을 많이 읽는 요즘 아이들의 글쓰기 실력이 저조한 것만 봐도 알 수 있다. 사고 능력을 향상시키고 풍부한 배경 지식을 쌓을 수 있는 책을 읽어야 한다.

다음은 경희대학 논술 제시문 중 일부분이다.

데카르트는 그의 저서인 『사색』에서 정신과 물질의 관계에 대한 실체 이원론을 제안하였다. 그는 실체에는 근본적으로 두 가지 종류가 있다고 역설하였다. 그 하나는 물질인데 공간적 연장을 본질적으로 가지고 있는(즉 물리적 공간에서 어떤 장소를 차지하고 있는) 한편 다른 하나는 정신인데 그것은 본질적으로 사유하는 존재이다. 여기서 정신과 물질은 서로 존재론적으로 독립적인 실체로 이해되고, 이런 점에서 데카르트의 견해는 실체 이원론의 한 전형으로 여겨진다. (후략…)

예시문에서 알 수 있듯이 최근 논술 제시문은 점점 어려워지고 있다. 아이가 평소 독서량이 많다고 하더라도 정보를 찾으며 글자를 읽는 방식에 익숙하다면 이 제시문은 이해하지 못할 것이다. 이를 이해하기 위해서는 단어에 내포된 심층적 의미를 파악하며 읽을 수 있어야 한다. 이는 고전 읽기로 해결할 수 있다. 이해와 사고에 집중하는 고전 읽기를 통해 깊고 긴 읽기 호흡을 키우고 다양한 스키마를 형성하는 것이다. 게다가 고전이 차지하는 제시문의 비중이 높아지고 있다.

따라서 초등학생 때 고전을 읽혀 사고하며 책 읽는 방식을 훈련하고 이해력과 스키마를 쌓을 필요가 있다. 비단 논술을 위해서가 아니라 글쓰기를 위해서도 고전을 통한 사고 능력은 엄청난 효력을 발휘한다.

우리는 흔히 많이 써볼수록 글을 잘 쓸 수 있다고 착각한다. 이것은 큰 오산이다. 글쓰기는 기술이 아니다. 만약 글쓰기가 기술이라고 한다면 명작은 대부분 전문 작가들에게서 나왔어야 한다. 하지만 실상은 그렇지 않다. 『어린 왕자』를 지은 생텍쥐페리는 비행기 조종사였으며, 『이상한 나라 앨리스』를 지은 루이스 캐럴은 수학자였다. 또한 『로빈 후드의 모험』을 지은 하워드 파일은 화가였다. 전문 작가가 아닌 이들이 불후의 명작을 남긴 것은 글쓰기가 단순한 기술의 문제가 아니라 깊은 사고와 통찰에서 나온다는 것을 증명해 준다.

좋은 글은 자발적 창작 욕구에서 나온다

다음 페이지에 소개한 작품은 4학년 여자아이가 황순원의 『소나기』를 읽고 자발적으로 적어 낸 시이다.

고전을 읽힌 후 두드러지는 변화 중 하나가 아이들이 읽은 책의 내용을 글이나 그림으로 표현하는 일들이 늘어난 것이다. 자신의 마음을 글로, 그림으로 표현하고 싶다는 열망은 아무 때나 찾아오지 않는다. 이는 고전처럼 좋은 작품이 주는 선물과도 같다. 이 아이의 시처럼 아름다운 작품이 나올 수 있었던 이유도 좋은 작품을 읽었기 때문이다.

현장 학습 보고서, 독서 감상문 대회 등 아이들은 강압적인 글쓰기에 노출되어 있다. 이는 자연스럽게 글쓰기 능력을 향상시키고자 하는 의도이지만, 오히려 역효과를 불러일으키는 경우가 많다. 좋은 글쓰기는 자신의 생각과 마음을 표현하고 싶다는 의지에서 나온다. 아이가 글쓰기를 싫어한다면 억지로 시키기보다 그런 마음이 들 수 있도록 해야 한다. 그리고 고전은 아이에게 글쓰기에 대한 동기를 불러일으킨다.

일기 검사를 하다 보면 어법에 맞지 않는 문장들이 허다하다. 이런 문

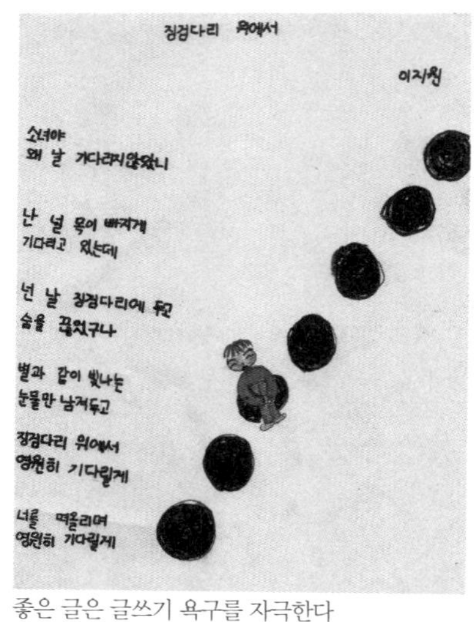

좋은 글은 글쓰기 욕구를 자극한다

장은 내용이 아무리 좋아도 잘 읽히지 않고 심지어 읽기 싫어질 때가 많다. 고전 문학은 저자가 몇 날 며칠을 고민해서 한 줄을 쓰는 만큼 좋은 문장으로 이루어져 있다. 이런 글에 꾸준히 노출된 아이들은 자신도 모르게 그 문장들을 사용하게 된다.

『햄릿』을 읽은 뒤부터 아이들의 글쓰기에서 "사느냐 죽느냐 그것이 문제로다."나 "약한 자여, 그대의 이름은 여자인가!"와 같은 명대사가 자주 등장했다. 이처럼 아이들은 자신이 읽은 책의 단어나 표현들을 사용하는 경우가 두드러지므로 고전은 올바른 문장 쓰기에도 큰 도움을 준다.

아이의 글쓰기 지도에 대한 팁을 주자면, 단문으로 쓰게 하는 게 좋다. 문장이 길어질수록, 두 개의 주어가 사용되거나 주어와 술어의 호응이 맞지 않는 비문을 쓸 가능성이 높기 때문이다.

공부하지 않아도
국어 점수가 오른다

아이들은 보통 국어를 쉽게 생각한다. 일상생활에서 국어를 사용하고 있기 때문에 국어는 공부를 안 해도 잘할 수 있다고 착각한다. 실제로 시험 볼 때도 아이들은 수학, 사회, 과학과 달리 국어는 잘 공부하지 않는다. 이렇듯 쉽게 생각하는 국어이지만 막상 시험을 보고나면 점수는 영 좋지 못하다. 수학보다 백점 받기 힘든 게 국어이며, 공부를 잘하는 아이들도 국어 백점은 꿈의 점수이다.

국어는 도구 과목이다. 국어를 못하면 다른 과목도 잘하기 어렵다. 수학만 해도 서술형 문제를 읽고 그 문제를 이해해야만 문제를 풀 수 있다. 사회도 마찬가지이다. 사회는 암기 과목이라고 생각하는데, 수많은 사실 중에 주요 내용을 추리는 능력과 충분한 어휘력이 바탕이 되지 않으면 이해하기 힘들다.

설령 국어는 잘하는데 다른 과목을 못하더라도, 걱정할 필요는 없다. 이런 아이들은 언젠가 치고 올라갈 수 있는 희망을 가지고 있기 때문이다. 문제는 어떻게 하면 국어를 잘할 수 있느냐이다.

반 평균 95점을 받다

필자가 근무하는 동산초등학교는 사립초등학교이다. 사립초등학교는 한 학기에 한 번씩 전국 사립초등학교 공동학력평가라는 일명 사초평가라는 것을 실시한다. 전국 사립초등학교를 대상으로 국어, 수학, 사회, 과학, 영어 과목의 평가를 하는 것이다.

이번 평가에서 필자가 가르치는 반이 국어에서 평균 95점을 기록하는 쾌거를 이루었다. 교내 시험에서도 과목 평균 점수가 90점 이상 나오기는 힘들다. 문제가 아무리 쉬워도 아이들 특유의 실수가 많기 때문이다. 그런데 외부 시험에서 평균 95점이 나온 것은 대부분의 아이들이 백점이며 한두 문제밖에 틀리지 않았다는 의미이다.

처음 이 점수를 받았을 때는 평균을 잘못 낸 줄 알고 몇 번이고 다시 계산해 보았다. 그런데 결과는 마찬가지였다. 15년 가까이 교사 생활을 하면서 90점 정도는 턱걸이로 한두 번 해본 적 있지만 이렇게 높은 점수는 처음이었다.

너무 높은 점수에 놀라 원인을 분석해 보았다. 문제가 너무 쉬웠는지 다시 살펴보았더니 여느 때와 비슷했고 난이도가 낮았던 것도 아니었다. 혹시 아이들이 따로 국어 공부를 했나 싶어 물어보았더니, 다른 과목을 공부하느라 국어까지 신경 쓴 아이는 없었다. 그렇다면 필자의 가르침이 너무 탁월했던 걸까? 올해 특별한 지도법을 실행한 것도 아니기에 이 생각은 금새 걷혔다.

그때 딱 한 가지 짚이는 것이 있었다. 바로 고전 읽기였다. 매일 아침 20분씩 반 아이들과 『톨스토이 단편선』, 『백범일지』, 『논어』, 『셰익스피어 4대 비극』, 『사기열전』과 같은 고전을 꼬박꼬박 읽었다. 읽은 후에는 다함께 소감이나 의견을 주고받았다. 사실 이 덕분에 1교시 국어 시간이 빈번히 10, 20분씩 침해받곤 했다. 고전 읽기를 하면서 국어 수업은 살짝 등한시한 꼴이다. 그럼에도 국어에서 최고 점수를 기록하다니, 고전 읽기 효과에 대해 뚜렷이 실감하는 순간이었다.

국어를 잘한다는 의미

국어 점수가 잘 나오지 않는 것은 과목의 특성 때문이다. 국어는 암기해서 성적을 올릴 수 있는 과목이 아니다. 그렇다고 정해진 공식이 있어 이를 적용하면 답이 나오는 과목도 아니다. 국어 공부의 핵심은 주어진 지문과 문제에 대한 이해력이다.

국어를 잘한다는 것은 결국 긴 지문을 읽고 이해하여 요점과 주제를 잘 파악한다는 의미이다. 독서는 이를 연습하는 최적의 방법이다. 그런데 흥미 위주나 자기 수준 정도의 책 읽기에 익숙한 아이들은 시험에서 어렵고 생소한 지문이 등장하면 당황하게 된다.

평소 고전처럼 수준 있는 책 읽기를 즐겨하던 아이는 어떤 지문도 쉽게 접근한다.

고전을 자주 읽다 보면 글을 읽는 태도가 바뀌게 된다. 고전은 한 문장 한 문장 그 의미를 곱씹고 생각을 거듭해야만 이해할 수 있기 때문에 대충 읽던 습관은 어느새 사라지고, 능동적이고 비판적인 독서 습관을 가지게 된다. 그러다 보면 '행간 읽기(reading between the lines)'가 가능해져서 지문의 숨은 뜻을 읽어 낼 수 있는 것이다. 이러한 능력을 갖게 된 아이는 국어 실력이 월등히 좋아진다. 우리 반 아이들처럼 말이다.

무한 상상력과 사고력이 자극받는다

사고력을 키우면 지능이 향상된다

"인문학은 인간을 예견 가능한 존재로 파악하는가?"

"우리는 과학적으로 증명된 것만을 진리로 받아들여야 하는가?"

"진리는 인간을 구속하는가, 자유롭게 하는가?"

이상의 문제들은 프랑스 대학입학자격시험 '바칼로레아'의 기출 문제이다. 우리나라로 치면 대학수학능력시험의 문제인 셈이다. 이런 문제에 적절하게 대답하기 위해서는 통합적 사고력, 창의력, 상상력이 반드시 필요하다. 이렇게 상상력이나 창의력에 근거한 종합적인 사고력을 묻는 입시

경향은 우리나라에서도 점점 뚜렷해지고 있다. 다음은 국제중학교 심층 면접에 나온 질문이다.

> "이미 죽었지만 명사인 12명(퀴리 부인, 다빈치, 피카소, 이순신, 광개토 대왕, 유관순, 명성황후, 에디슨, 애담 스미스, 간디, 테레사 수녀, 다이애나 비)중에 세 사람만을 살릴 수 있다면 누구를 선택하겠는가?"
>
> "학력 위조는 개인의 자질 탓인가, 고학력을 중요시하는 사회의 구조 탓인가?"

전두엽은 사고력과 창의력, 주의 집중력을 조절하는 부위로 인지적 학습 능력을 결정하는 곳이기도 하다. 전두엽의 발달이 가장 왕성한 시기는 3~6세이지만, 최근 과잉 조기 교육과 과도한 텔레비전, 게임 등의 노출로 전두엽 발달이 늦어지는 경우가 늘고 있다.

그런데 고전을 통해 사고력을 향상시키고 전두엽을 자극할 수 있다. 고전은 앞 문장을 머릿속에 떠올리며 다음 문장을 읽어야지만 전체 내용을 파악할 수 있다. 특히 고전 문학은 대체로 등장인물이 많고 설명과 묘사, 대사들이 길고 자세하여 자칫하면 글의 핵심과 이야기를 놓치기 쉽다. 한 페이지를 읽는 데 한 시간 혹은 하루가 걸릴 수도 있지만, 이 과정에서 저절로 사고력이 발달한다.

나는 '믿음'이라는 단어에 대해서 누구보다 더 많이 생각을 해 보았다. 친구들과 놀 때도, 가족과 지낼 때도 진정한 믿음이란 무엇인지에 대해서 계속 생각해 보았다. 그러던 중 학교에서 〈오셀로〉라는 셰익스피어의 작품을 접하게 되었다. 그 작품의 소재로 셰익스피어는 '믿음'을 선택한 것 같았다. 이 작품에서 나는 믿음에 대해 알게 되었다.

믿음이란, 한 사물이나 사람을 믿고 신뢰하는 것이었다. 그리고 내가 배운 것 한 가지가 더 있다. 바로 믿음에는 '믿으면 좋은 믿음'이 있고, '믿으면 오히려 해'가 되는 믿음이 있다는 것이었다. '믿으면 좋은 믿음'은 꼭 믿어야 하는 것과 같다. 오셀로가 아내 데스데모나를 믿어야 하는 것은 당연한 것이고, 그것은 일종의 '믿으면 좋은 믿음'이다. 하지만 오셀로는 이아고의 거짓말을 믿고 자신의 아내를 죽이는 선택을 했다. 그러므로 이것은 '믿으면 오히려 해'가 되는 믿음인 것이다. 나는 그래서 다른 사람을 분별해서 믿어야겠다고 느꼈다.

이 글은 『셰익스피어 4대 비극』 가운데 하나인 〈오셀로〉를 읽고 어떤 아이가 쓴 글이다. 생각의 깊이가 사뭇 깊다. 가히 꼬마 철학자라고 할 만한 사고력이다. 이런 일이 가능한 것은 고전이 아이에게 화두를 던져 생각하게 만들기 때문이다.

사고력은 관찰, 비교, 분류, 추론, 유추 등을 통해 사실들 사이의 관계나 구성 등을 파악하는 능력이다. 예를 들어 목적지까지의 거리를 비교하여 지름길을 선택하고 인과 관계를 유추하여 다음 일어날 일을 예측한다. 사고력이 높은 사람은 모든 것을 경험해 보지 않아도 알 수 있고, 정보가 부족해도 정답과 유사한 결론을 내릴 수 있어 학습 속도가 빠르다. 지능과도 많은 상관관계가 있는데, 사고력을 키우면 지능도 함께 향상된다.

과목 중 특히 사고력이 많이 요구되는 건 수학이다. 긴 서술형 문제를 읽고 그 문제를 이해해야 할 뿐만 아니라, 분석, 추론, 종합과 같은 사고력을 동원해야만 문제 해결이 가능하다. 또한 사고력이 깊은 아이일수록 정형화된 문제 해결 방식이 아닌 남이 생각하지 못한 기발한 방식으로 문제를 해결한다.(사고력 관련 설명은 사고력 두뇌 개발 〈또또생각〉을 참고하였다.)

두서없는 글쓰기, 맹목적인 주장을 하는 아이

고학년으로 갈수록 많은 아이들이 회장이나 반장과 같은 학급 임원을 하고 싶어한다. 그 이유도 리더십을 쌓거나 상급 학교 진학에 도움을 받기 위해서 등 다양하다. 이유야 어찌 되었든 학급 임원은 경쟁이 치열하다.

학급 임원이 되기 위해서는 친구들의 지지가 결정적인데, 만약 후보자들의 지지율이 비슷하다면 선거 연설에서 승부가 갈린다. 상대적으로 논리정연하고 설득력 있게 말하는 아이가 뽑힐 확률이 높은 것이다.

피아제의 인지 발달 이론이나 콜버그의 도덕성 발달 이론에 근거해서 초등학생을 구분하면, 저학년 때는 소리를 통해서 상상의 세계를 넓혀 가는 '소리기', 중학년 때는 경험을 통해 삶의 세계를 넓혀 가는 '경험기', 고학년은 줄기 생각을 활용해서 논리의 세계를 넓혀 가는 '논리기'로 볼 수 있다. 이런 발달 특성 때문에 고학년으로 갈수록 논리력을 갖춘 아이들이 주목받기 시작한다. 또한 교과에도 토의나 토론 같은 논리성을 강조하는 내용들이 많이 등장하기 시작한다.

그래서 고학년이 되면서 말을 잘하는 아이들이 점점 또래 문화의 중심에 서기 시작한다. 수업 시간에 교사의 질문에 조리 있게 대답하거나 어떤 문제에 대해 근거를 바탕으로 주장을 펼치는 아이가 인정받는 것이다. 그리고 이런 아이들이 또래의 여론을 주도하기 시작한다.

논리적 사고력이란 어떤 글을 읽거나 남의 말을 듣고 주장의 타당성을 분별하거나 인과 관계에 맞게 논리적으로 의견을 펼칠 수 있는 능력이다. 정보를 비교, 분석하고 판단하는 과정이 반드시 수반되어야 하기 때문에 고등 사고력에 해당한다. 논리적 사고력이 뛰어난 아이는 비판적 사고력과 판단력이 뛰어나다. 그래서 다양한 정보를 커다란 줄기 아래 적절하게 배열하는 능력이 뛰어나 일목요연하게 생각을 잘 풀어 놓는다.

논리적 사고력이 부족한 아이들은 글을 뒤죽박죽 두서없이 쓴다. 글의 앞뒤가 바뀌어 있기 일쑤이고, 주제가 없는 경우가 허다하다. 이뿐만 아니라 다른 사람의 말이나 글의 타당성을 파악하지 못한다. 특히 토론 수업을 할 때 이러한 모습은 두드러지는데 상대방의 말에 무턱대고 반대를 하거나 찬성을 하는 맹목성을 보인다.

요즘 아이들을 다룰 때 가장 답답하고 화가 나는 순간은 잘못했을 때의 아이들의 태도이다. 왜 그런 행동을 했느냐고 물으면 아이들은 천연덕스럽게 "그냥요."라고 대답한다. 자기가 왜 그런 행동을 했는지도 모르고, 자기 행동이 어떤 결과를 초래할지도 모른 체 일단 저지르고 보는 것이다. 어찌 보면 무례한 아이라고 생각하고 넘길 수도 있지만, 이러한 행동들은 논리적 사고력이 부족한 결과이기도 하다.

논리적 사고력을 기르기 위해서는 논리적 구조가 탄탄하고 논리적 비약이 없는 책들을 자주 접해야 한다. 흔히 논리적 사고를 높이는 방법으로 신문 사설을 많이 권한다. 물론 효과가 좋다. 단 초등학생에게 사설은 어려울 수가 있다. 온갖 사회, 정치적 이야기가 얽혀 있기 때문에 만약 아이가 부담스러워한다면 고전으로 접근하는 것이 좋다.

아이의 논리적 사고력 발달을 위해 고전 읽기를 시작한다면, 플라톤의 『대화편』이나 『논어』를 추천한다. 이 두 책은 한 주제에 대해 스승과 제자들이 나눈 이야기이다. 이들이 주고받은 대화는 대단히 논리적이어서, 읽다 보면 저절로 논리적 사고를 배울 수 있다. 고전 문학 역시 사건 전개의 비약이 없고 구조가 치밀하여 논리적 사고 형성에 도움이 된다.

리더들의 창의력 향상법

한 조사 자료에 의하면 미국 1,000대 기업의 최고 경영자들 중에 경영학을 전공했거나 경영학 석사학위(MBA)를 소지한 사람은 전체의 3분의 1도 안 된다고 한다. 경영학보다는 철학, 문학 같은 인문학을 전공한 사람들이 더 많았다. 예를 들면 휴렛 팩커드(HP)의 회장인 칼리 피오리나는 철학을 전공했고, 월트 디즈니의 마이클 아이스너 회장은 문학과 연극을 전공했다. 생물학을 전공한 델 컴퓨터 회사의 마이클 델 회장은 "창의적 사고가 중요한 것이지 대학 전공은 경영 자질과 무관하다."고 말하기도 했다.

무슨 일을 하든 중요한 것은 전공보다 창의력임을 보여 주는 인물들은 하나같이 독서를 통해 창의력을 향상시켰다고 말한다. "독서가 얼른 보기에는 창조와는 다르게 보일지 모르나, 실제로는 깊은 의미에서 비슷한 것이다."라고 밀러는 말했다.

"독서는 나에게 많은 정보를 제공해 주었습니다. 독서가 주는 커다란 유익은 나의 상상력을 자극한다는 점입니다. 나는 독서가 제공하는 상상력으로 지금의 싱가포르를 만들었습니다. 지금의 싱가포르는 나의 독서 상상이 하나의 실체로 나타난 것뿐입니다."

1959년부터 1990년까지 수상을 지내며 가난과 부패에 찌든 싱가포르를 국제 금융 도시로 탈바꿈시킨 리콴유가 한 말이다. 그는 현재의 싱가포르는 독서에서 얻어진 상상력의 산물이라고 고백하고 있다. 실제로 그는 청년 시절 신간 서적을 빨리 읽기 위해 부두에 나가 책을 싣고 오는 배를 기다렸다고 할 정도로 대단한 독서광이었다.

한편 연합인포맥스가 2010년 한 해 동안 코스피 지수의 시가와 종가를 가장 정확하게 예측한 사람으로 현대증권에 근무하는 한 과장을 선정하였다. 그는 변동성이 큰 증권시장에서 동물적인 감각으로 정확한 예측을 할 수 있는 이유를 독서라고 밝혔다. 그는 자투리 시간이 생길 때마다 고전을 읽는다고 했다. 주식시장도 결국 사람이 움직이는 것이기 때문에 오래전 사람들이 어떤 생각을 했고, 역사가 어떻게 흘러왔는지를 이해하면 시장 적중률을 높일 수 있다는 것이다.

작가들은 사람들이 무심코 지나치는 것들에서 새로운 점을 발견하거나 서로 관련 없어 보이는 것들을 연결해서 새로운 세계를 언어로 보여 준다. 고전의 저자들처럼 뛰어난 작가일수록 통찰력이나 상상력이 뛰어난 작품으로 우리의 시야를 넓혀 준다. 그래서 고전 작품에 계속 노출되다 보면 그 책을 읽은 사람도 창의력이 풍부해지는 것이다.

교과서가 쉬워진다

　1장에서도 언급했듯이 아이들의 속독과 다독 습관은 반드시 고쳐 줘야 한다. 이런 독서 습관은 독서 그 자체가 목적이 되어 책을 통해 얻을 수 있는 유익이 적다. 글을 설렁설렁 읽게 돼 어휘력의 습득이나 깊은 사고력, 상상력의 향상을 기대할 수 없다. 더 큰 문제는 책을 대충 읽는 습관이 굳어져 나중에는 정독하려고 해도 하지 못하게 된다. 이는 시험 볼 때도 문제를 야기한다. 시험지의 문제와 지문을 꼼꼼히 읽어야 하는데 대충 읽고 넘어가는 탓에 실수가 많은 것이다.

　아이에게 정독의 습관을 길러 주려면 무엇보다 좋은 책을 권해야 한다. 한 줄 한 줄 되새기고 생각을 하게 만드는 책을 읽혀야 한다. 이에는 고전만 한 것이 없다.

아이가 기계적으로 글을 읽는다면 수준에 맞는 고전 작품을 선물해 보자. 좋은 독서 습관을 가지는 데 든든한 도움이 될 것이다.

중독과 몰입의 차이를 경험한다

영화를 즐기는 사람이라면 이런 경험을 한두 번쯤 해봤을 것이다. 30분밖에 안 지난 것 같은데 2시간이 넘는 영화가 끝나 있는 경험 말이다. 이는 깊은 몰입의 증거로 이런 경험을 여러 번 하다 보면 영화 마니아가 되기 쉽다.

독서도 마찬가지이다. 독서 습관을 만들어 주려면 '독서 몰입'을 경험시켜야 한다. 책을 읽다 보면 내용에 빠져들어 등장인물의 감정과 상황을 내 것처럼 느끼는 경우가 있다. 독서 몰입 즉 책과 내가 하나가 되는 물아일체(物我一體)의 상태가 되는 것이다. 『하루 30분 혼자 읽기의 힘』의 저자인 낸시 앳웰은 독서 몰입을 '리딩존'이라는 말로 표현하기도 했다.

독서 몰입에 빠지게 되면 '영화보다 더 재미있는 머릿속 영화'가 펼쳐지며 내가 현재 몇 쪽을 읽고 있는지, 언제 책장을 넘겼는지, 옆에 누가 있는지 등을 전혀 눈치 채지 못하게 된다. 정신이 몽롱해지고 시간이 엄청나게 빨리 흘러가는 것처럼 느껴진다.

고전 읽기는 보통 40분 동안 진행되는데, 어느 순간 아이들이 독서 몰입에 빠진 것을 느낄 때가 있다. 이때 누군가 방해라도 하면 극도의 불만감을 표출한다. 쉬는 시간을 알리는 종소리에도 여기저기에서 안타까운 탄식이 터져 나온다. 이런 독서 몰입의 경험이 많을수록 독서 습관이 붙을 확률이 높아진다.

　독서 몰입을 위해서는 조용한 분위기, 30분 이상의 독서 시간, 부모의 조언과 격려 그리고 양서가 있어야 한다. 좋은 영화가 관객들을 몰입시키듯이, 좋은 책은 독서 몰입에 빠지게 한다. 특히 유명한 고전 문학들은 구성이 워낙 탄탄하여 몰입의 경험을 선사한다. 처음부터 집중할 수 있는 것은 아니지만 일단 몰입하기 시작하면 그 정도가 아주 깊다. 그리고 이런 몰입은 어른들에게도 어려운 작품들을 아이들도 충분히 이해하게 만든다.

　여기서 굳이 고전이어야 하느냐고 반박할 수 있다. 일반 책도 물론 가능하겠지만, 고전에 비해 깊이가 얕기 때문에 몰입의 정도와 확률이 줄어든다. 굳이 집중하지 않아도 읽을 수 있는 책으로는 몰입을 경험할 수 없다.

　알아야 할 것은 '몰입'과 '중독'의 차이이다. 어떤 부모들은 아이가 만화책을 보거나 게임을 할 때는 집중력이 강한 반면에, 공부할 때는 5분도 못 앉아 있다며 그 이유를 궁금해한다.

　그것은 몰입과 중독의 차이를 모르기 때문이다. 몰입이란 극도의 집중 끝에 경험하는 것이다. 예를 들어 수학 문제를 풀거나 암기를 할 때는 집중을 위해 주위 환경도 집중 모드로 바꾼다. 이에 반해 중독은 애쓰지 않아도 저절로 빠져든다. 컴퓨터 게임을 하거나 만화책을 볼 때처럼 노력하지 않아도 빠져드는 것이 중독이다.

　아이가 중독 성향이 강하다면, 함께 고전 문학을 읽어 보자. 중독의 위험을 미리 방지해 주고, 몰입을 경험하게 한다.

고전은 '독서 근육'이 생기게 한다

고학년이 될수록 성공적인 독서 경험이 무엇보다 중요하다. 살짝 버거운 책을 끝까지 읽어 낸 아이는 굉장한 성취감을 얻는다. 스스로에게 자부심을 느끼고 자신의 능력을 높이 평가하게 된다. 이후 책에 대한 흥미가 더욱 높아지고 독서에 대한 자신감을 가지게 된다.

필자 역시 비슷한 경험을 한 적이 있다. 고3 때 대학입시를 마친 후 펄벅의 『대지』라는 작품을 읽었다.

재산을 모아 빈농에서 대지주가 된 왕룽과 그 일가의 역사를 그린 작품으로, 당시 중국에서 살았던 작가는 중국의 모습과 삶을 500쪽에 걸쳐 섬세하게 묘사했다. 이 책을 읽고 난 후 엄청 뿌듯함을 느꼈다. 이전에는 이렇게 두꺼운 책을 읽은 적이 없었기 때문이다. 이후로는 두꺼운 책에 대한 두려움이 사라졌다.

어려운 책을 읽고 나면 독서에 왠지 모를 자신감이 생긴다. 곱셈, 나눗셈을 배우고 나면 덧셈, 뺄셈이 아무것도 아닌 것처럼 느껴지듯 말이다. 아이들 역시 자신의 능력에 버거운 고전을 읽은 후 자신감이 급상승하는 경우를 많이 보았다.

한창 아이들과 『논어』를 읽을 때였다. 국어 시간, 논설문을 읽고 주장과 근거를 찾아내는 수업이었는데, 한 남자아이가 "선생님! 논어를 읽어서 그런지 교과서가 너무 싱거워 보여요."라고 말하는 것이었다. 다른 아이들도 맞장구를 치면서 "맞아요. 교과서가 갑자기 쉽게 느껴져요."라고 외쳐 댔다. 평소 같았으면 머리를 싸매고 힘들어했을 아이들이 교과서가 쉽게 느껴진다니 뿌듯하기도 하고 놀랍기도 하였다.

"아이가 고전 읽기를 하면서 글밥이 많은 책들에 대한 거부감이 없어지고, 긴 글을 읽어 내려가는 끈기를 가지게 된 것 같아요."

3학년 학부모가 고전 읽기에 대해 이렇게 평가해 주었다. 어떤 아이들은 책 읽기 속도가 예전보다 빨라졌다며 자랑하기도 했다. 고전을 읽는 사이 자신들도 모르게 독서 근육이 붙어, 독서 실력이 향상된 것이다.

인생의 책과 만난다

때때로 고전은 아이의 독서 이력의 랜드마크가 되기도 한다. 랜드마크란 한 도시나 나라의 표지물과 같은 역할을 하는 건물을 말한다. 즉 고전은 아이에게 인생의 이정표가 되곤 한다.

그도 그럴 것이 아이들에게 가장 기억에 남는 책을 조사해 보면 고전 읽기를 하기 전과 후의 차이가 매우 크다. 고전 읽기를 하기 전에는 저마다 다양한 책을 꼽았는데, 고전 읽기 이후 많은 아이들이 고전을 꼽는 것이다.

제목 : 『논어』를 마치며

『논어』를 처음 읽었을 때의 내 모습을 생각해 보면 많은 차이가 느껴진다. 특별히 내 마음가짐은 100% 바뀌었을 것으로 생각한다. 『논어』를 읽으면 참 배울 점이 많다. 『논어』의 어떤 부분에서는 '왜!' 라는 의문점이 가끔씩 생기기도 하지만, 거의 대부분의 내용이 내가 소화해 낼 수 있는 수준이었기에 매우 보람 있었다고 생각된다.

　무엇보다 수준이 높은 책을 읽으면서 나 자신을 반성하며 책 한 권을 끝낸 내 자신이 너무 자랑스럽다. 나는 한자를 많이 알기 때문에 한자로 되어 있는 논어 원문도 한 번 읽어 보고 싶다. 『논어』는 아마 내 평생 기억에 남을 것 같다.

　6학년 남자아이가 쓴 글인데 『논어』를 읽고 받은 감동이 고스란히 느껴진다. 부모들은 아이가 고전을 제대로 읽을 수 있을까 걱정을 하지만 부모의 우려와 달리 아이들은 고전을 잘 읽으며 심지어 인생의 한 권으로 여길 정도로 깊은 감명을 받는다.

지식을 가지고 놀게 한다

독일의 인지심리학자 퀼러는 문제 해결 과정을 설명하기 위해 침팬지를 대상으로 실험을 하였다. 그는 배고픈 침팬지를 우리 안에 가두고 천장에 바나나를 매달아 놓았다. 우리 안에는 상자와 막대기를 넣어 두었다. 침팬지는 처음에는 바나나를 따먹기 위해 있는 힘껏 껑충껑충 뛰다가 뜻대로 되지 않자 씩씩거리며 우리 안을 왔다 갔다 했다. 이윽고 지쳐 구석에 쪼그리고 앉은 침팬지는 천장의 바나나와 주변 환경을 한참 지켜보더니 갑자기 상자를 끌어다 놓고 그 위에 올라가 막대기로 바나나를 따먹기 시작했다.

이 실험은 우리가 어떤 문제를 해결할 때 중요한 것은 시행착오나 개개의 지식, 과거 경험 등이 아니라 문제들 간의 관계를 파악하는 통찰력임을

보여 주고 있다. 그래서 이 실험에 근거한 쾰러의 인지설을 '통찰설' 혹은 '아하(A-ha)설'이라고 부른다.

이 실험은 우리에게 난해한 문제의 해결책을 찾기 위해서는 문제에서 잠시 벗어나 거리를 두고 통찰하는 과정을 거쳐야 함을 알려 준다. 통찰력을 기반으로 한 문제 해결력이 학습에서 점차 중요해지고 있다.

인문학적 깊이가 차이를 낳는다

최근 세계 3대 디자이너로 손꼽히는 BMW 총괄 디자이너 크리스 뱅글이 삼성전자의 마스터 디자이너로 오게 된 것이 화제이다. 애플 사의 아이폰에 밀린 스마트폰 시장을 만회하기 위해 그에게 '뱅글폰' 제작을 맡긴다는 것이었다. 그는 수십억의 연봉과 자가용 제트기 등 사장급 대우를 받게 된다.

이처럼 삼성전자가 그를 우대하는 이유는 그의 탁월한 디자인 실력 때문이다. 그의 디자인은 다른 디자이너들과 분명한 차별성이 있는데 그것은 디자인에 인문학적 깊이를 담아낸다는 것이다. 실제로 그가 디자인했던 BMW Z4 스포츠카는 '선악과를 따먹고 부끄러워하는 이브의 모습'을 담으려고 했다고 해서 관심을 불러일으키기도 했다. 이처럼 그의 디자인에는 인문학적 통찰력이 담겨 있다.

뱅글은 디자이너이면서도 특이하게 위스콘신 대학에서 인문학을 전공하였다. 물론 그 후 디자인을 전공하긴 했지만 통찰력의 깊이가 느껴지는 디자인은 그의 인문학적 소양에서 나오는 것이다.

한편 『한국의 젊은 부자들』이라는 책에서 젊은 부자의 독서 행태를 분석했다. 그들은 보통 1년에 30권의 책을 읽었으며, 그들의 멘토로 친구나 가족이 아닌 '책'을 꼽았다. 부자들이 읽는 책이니 경제 경영서나 실용서가 많을 것으로 생각하겠지만, 그들이 애독하는 책은 마키아벨리의 『군주론』, 에드워드 기번의 『로마제국 쇠망사』, 노자의 『도덕경』과 같은 고전들이 다수였다. 삼성의 고 이병철 회장이나 현대의 고 정주영 회장 등은 『논어』를 최고의 애독서로 삼았다. 이뿐 아니라 신세계 구학서 회장은 『논어』를 윤리 경영의 토대로 하고 있다.

그들이 공통적으로 고전을 아끼고 애독하는 데에는 특별한 이유가 있다. 그들은 고전을 통해 돈과 인간의 내면을 이해하고 사회의 장기적인 흐름을 배웠다고 한다. 인간과 사회에 대한 통찰력과 안목을 익힌 것이다.

문제 해결력이란 자신이 처한 문제의 환경에서 해결 방법을 모색하는 능력이다. 이 능력은 처음 본 문제나 어려운 문제를 풀 때도 도움이 되며, 일상생활에서 위기에 처했을 때 극복할 수 있는 힘이 되어 준다.

특히 고전은 많은 사람들이 삶의 모토와 교훈으로 삼을 정도로 다양한 대안을 제시해 준다. 전술 방법을 알려 주는 『손자병법』만 해도 다양한 상황 속에서 행동의 방향을 제시해 주는 지침이 되기도 한다.

고전 문학에는 항상 문제와 갈등이 있고 등장인물들이 그 문제를 해결해 가는 과정이 하나의 이야기가 된다. 책을 읽으면서 '나라면 어떻게 할까?', '이 문제의 결말은 어떻게 날까?'와 같이 나름대로 그 문제를 해결하기 위해 끊임없이 고민하게 된다. 이야기를 따라가면서 자연스럽게 문제 해결력이 얻어진다. 또한 등장인물들이 문제를 해결하는 방법을 통해 문제 해결법을 배우기도 한다. 예를 들어 『15소년 표류기』의 소년들을 통해 갈등과 어려움을 극복하는 방법을, 가난한 고아로 태어난 제인 에어가 현실을 극복하고 자기만의 삶을 개척해 나가는 과정을 통해 신분과 계급이라는 주어진 환경에 굴하지 않고 당당히 살아 나가는 방법을 배우게 된다.

한번 습득한 문제 해결력은 전이력이 있어 비슷한 문제 상황에서도 그 능력이 발휘된다. 이는 우리가 고전을 가까이 하고 아이들에게 고전을 읽혀야 하는 절대적인 이유라고 할 수 있다.

외운 지식과 정보는 힘이 약하다

지혜와 지식은 다르다. 지혜는 지식을 바탕으로 하지만 지식과는 다르다. 지식이 구슬이라면 지혜는 그 구슬을 꿸 수 있는 통찰력이다. 다양한 지식 구슬들을 활용하는 힘인 것이다.

지식을 가진 사람은 남이 만들어 놓은 길을 따라가지만, 지혜로운 사람은 자기만의 길을 만들어 간다. 오늘날에는 지식이 많은 사람보다 그 지식을 잘 활용하고 조합하여 새로운 것을 만들어 낼 줄 아는 인재가 필요하다.

한 원로 법조인에게 후배 법조인들을 위한 조언을 부탁하자 이렇게 말하는 것을 보았다.

"사실 1~3년차 변호사들은 로펌에 큰 도움이 되지 않아요. 요즘 의뢰인들은 인터넷을 뒤져 관련 판례나 기록을 다 찾아옵니다. 이제 변호사에게 요구되는 건 법률 지식이 아니라 지혜입니다. 법적 판단력입니다."

지금 시대는 단순히 법률 지식을 외우는 판검사나 변호사가 필요한 것이 아니다. 지혜와 판단력이 있는 법조인이 필요한 것이다. 이런 지혜와 판단력을 소유하기 위해서는 어떻게 해야 하는 것일까? 다이제스트로 편집된 교과서나 참고서를 통해서는 단순한 지식밖에 얻지 못할 것이다. 역사, 철학, 인문, 문학과 같은 고전을 붙들고 "사람은 무엇으로 사는가?" "어떻게 살 것인가?"와 같은 문제를 고민하는 과정에서 지혜와 통찰력이 생길 수 있다.

6학년 남자아이가 『논어』를 읽고 다음과 같은 글을 썼다.

"『논어』에는 우리가 생활 속에서 고쳐야 하는 것들이 많이 담겨 있다. 내 생각에 공자는 보통 사람이 아니다. 공자는 마치 미래를 볼 수 있는 초능력자처럼 느껴진다."

어린아이 눈에 공자가 미래를 볼 수 있는 초능력자처럼 느껴진 이유는 무엇일까? 공자가 지혜자이며 통찰자이기 때문이다. 지혜와 통찰력을 지닌 초능력자와 같은 사람들이 쓴 고전을 읽으면 아이도 그런 능력을 가질 수 있을 것이다.

눈앞의 성적이 아닌
학습능력을 잡는다

고전은 아이의 어휘 세계를 넓혀 준다

책은 아이의 어휘력을 결정한다. 고전 문학은 어휘력과 표현력이 뛰어나다. 한 폭의 그림과도 같은 글을 읽는 사이 저절로 그 어휘들을 학습하게 된다. 또한 고전 문학에는 한자어나 고어가 많다. 이는 아이들이 고전을 읽기 힘들어하는 이유이지만 그만큼 새로운 어휘에 대한 자극이 많다고 할 수 있다.

글이 쓰고 싶어진다, 글쓰기가 편해진다

평소 독서량이 많다고 하더라도 정보를 찾으며 글자를 읽는 방식에 익숙하다면 글쓰기에는 아무런 도움이 되지 않는다. 글쓰기는 기술이 아니라 사고와 통찰의 과정이기 때문이다. 고전을 읽으면 단어에 내포된 심층적 의미를 파악하기 위해 노력하게 된다. 이를 통해 깊고 긴 읽기 호흡을 키우고 글쓰기에 필요한 스키마를 형성하게 된다. 그리고 무엇보다 아이들로 하여금 창작의 욕구를 불러일으킨다. 고전 읽기 이후 작품에서 받은 감동을 시나 글로 표현하는 아이들이 늘어나는 것도 이 때문이다.

가장 100점 받기 힘든 국어, 평균 95점의 비결

특별히 국어 공부에 신경을 쓴 적도 없으며, 고전 읽기로 국어 시간이 많이 줄어들었음에도 아이들은 최고 점수를 기록했다. 고전처럼 수준 있는 책을 읽기 위해서는 한 문장 한 문장 의미를 곱씹고 생각해야 한다. 이러한 독서 습관 덕분에 평소 수업 중 교과서가 쉽게 느껴진다는 아이들이 늘어났다. 그리고 그 효과가 국어 점수에서 드러난 것이다.

처음 보는 문제도 척척 풀어낸다

고전을 읽으면 사고력이 발달한다. 논리적 구조가 탄탄한 글을 읽는 사이 자연스럽게 논리 구조를 배우게 되며, 내용을 계속 되새김질하며 읽는 사이 사고력이 발달하는 것이다. 사고력이 높은 사람은 처음 보는 문제도 해결법을 찾아내며, 새로운 방식으로 문제를 해결한다. 지능과도 많은 상관관계가 있는데, 사고력을 키우면 지능도 함께 향상된다.

문제 해결력이 좋아진다

고전 문학에는 항상 문제와 갈등이 존재한다. 이 문제들이 해결되는 과정을 읽으며 아이는 나름대로 해결책을 고민하고 문제 해결법을 배운다. 이 과정에서 문제 해결력이 좋아진다.

5장

고전 읽기는
시작이 중요하다

"아이의 능력을 의심하지 마라"

고전을 본격적으로 읽기에 앞서, 부모 먼저 마음을
다잡을 필요가 있다. 사실 부모에게도 고전은 부담스러운 존재이다.
그런 만큼 아이에게 고전을 읽히는 것에 두려움이
클 수밖에 없다. 걱정하지 마라. 물론 처음에는 반항하고
싫어할 수 있다. 하지만 어느 순간 고전에 빠져들 것이다.

정평 있는 고전부터 시작하라. 현대 작품은 피해야 한다. 왜냐하면 그대는 아직 현대 작품을 적절히 가려 읽을 만한 안목을 가지고 있지 않기 때문이다.

- 아놀드 베네트

그동안 전래 동화나 창작 동화 위주의 책 읽기에 만족한 부모, 혹은 고전에 대한 어려움 때문에 시도해 보지 못한 부모, 초등학생에게 고전은 아직 무리이며 중학교 때 시작해도 늦지 않는다고 생각한 부모 모두 지금까지 읽어 오면서 초등 고전 읽기의 중요성과 유익에 대해 충분히 공감하였으리라 생각한다.

물론 초등 아이에게 고전을 읽히기란 쉽지 않지만 시간을 투자하여 한 권의 고전이라도 읽혀 본다면 그 효과를 확인하게 될 것이다.

필자 역시 아이들에게 고전을 읽히는 것이 쉽지 않았다. 책 자체를 싫어하는 아이는 두말할 것 없이, 평소 책을 좋아하던 아이도 고전은 낯설어하고 힘들어했다. 그래도 포기하지 않고 읽혔더니 기대 이상의 효과들이 하나둘씩 나타나기 시작했다. 그러니 포기하지 말고 꾸준히 읽혀 보길 바란다.

평소 책을 싫어하는 아이라면 본격적인 독서에 들어가기 전 세심한 준비 단계를 거쳐야 성공적으로 고전 읽기를 할 수 있다.

이번 장에서는 고전을 어떻게 읽혀야 할까? 고전을 읽기 위해서는 어느 정도의 읽기 실력이 필요할까? 하루에 얼마나 읽혀야 할까? 다른 책들과의 독서 배분은 어떻게 해야 할까? 등 고전 읽기를 계획할 때 부모들이 가지는 수많은 의문들에 답을 주고자 한다.

고전을 칭찬하라

환경이라고 하면 흔히 물리적 환경을 먼저 떠올리는데 더 중요한 환경이 심리적 환경이다. 심리적 환경이 물리적 환경을 지배하기 때문이다. 따라서 아이의 심리적 환경을 먼저 조성해야 고전 읽기에 성공할 수 있다. 심리적 환경을 조성한다는 것은 우선 아이의 마음에 고전 읽기의 필요성을 깨우쳐 주는 것이다.

나는 6학년 되서 처음으로 고전을 읽게 되었다. 사실 이런 일이 일어날 줄은 꿈에도 몰랐다. 그리고 『논어』 같이 번호가 쓰여 있고 그 번호에 따라 글이 써 있는 책도 처음 읽어 본다. 원래 이

앞에 소개한 글은 한 아이가 고전 읽기 프로젝트로『논어』를 읽게 된 후
자기 심정을 토로한 일기이다. 사실 고전 읽기를 시작할 때 많은 아이들이
편견과 거부감을 가지고 있었다. 그래서 무엇보다 고전은 어렵고 재미없
다는 생각들을 불식시키는 작업이 필요했다.

논술이나 대학 입시에 도움이 된다는 식의 현실적인 이유를 들려주니
아이들이 조금은 수긍하는 분위기였다. 하지만 무엇보다 '고전은 시대를
초월한 보편적 가치를 가진 책'이라거나 '한 권을 읽으면 100권 이상을 읽
은 효과를 얻을 수 있는 책' 이라는 등 고전의 가치를 인식시키는 방법이
가장 효과적이었다. 내가 얼마나 가치 있는 책을 읽고 있느냐가 고전 읽기
에 도전하고 지속하는 힘이 되는 것 같았다.

필자는 고전을 읽히기 전에 이 과정에 많은 정성을 들였다.『논어』,『소
학』,『명상록』,『대화편』과 같은 인문, 철학 고전은 ' 특별한 1%만이 읽는
책'이다, 이 책을 읽은 사람과 읽지 않은 사람은 하늘과 땅만큼 차이가 난
다 등 아이들 스스로 대단한 책을 읽고 있다는 생각을 심어 주는 데 주력
했다.

문학 고전의 경우에는 그 작품의 가치나 작가의 위대함을 적극 어필하
였다. 예를 들어『천로역정』은 성경 다음으로 많이 팔린 책이다,『셰익스피
어 4대 비극』의 저자인 셰익스피어는 영국이 인도와도 바꾸지 않는다 할

정도 자랑스러워하는 작가이며 셰익스피어의 희곡은 매일 연극으로 공연될 만큼 유명한 작품이라는 식으로 강조하는 것이다.

결국 아이들은 처음에는 시큰둥했다가도 십중팔구 '그럼 한번 읽어 볼까?' 하며 고전을 즐기게 됐다.

부모에게 던지는
첫 번째 질문

집에서 아이에게 고전을 읽히고 싶다면 가장 먼저 텔레비전을 없애야 한다. 최소한 거실에 있는 텔레비전은 없애길 바란다.

많은 부모들이 아이의 독서 문제로 고민한다. 그런 부모들에게 먼저 묻는 질문은 TV가 있느냐이다. 있다면 어디 있는지 묻는다. 만약 거실이라면 독서는 실패라고 생각해도 무방하다. 텔레비전을 곁에 두고 독서할 수 있는 아이는 거의 없다.

보통 텔레비전을 보거나 게임을 하면서 쉰다고 말하는데, 그렇지 않다. 게임이나 텔레비전을 서너 시간 이용하고 나면 머리가 아픈 경험을 해봤을 것이다. 미국의 유명한 교육심리학 박사 벤저민 블룸은 텔레비전을 '시간의 적'이라고 규정하고, "텔레비전이 소리 소문도 없이 사람들의 귀중한 시간을 훔쳐 간다."고 하였다.

텔레비전을 자주 보다 보면 수동적인 즐거움에 익숙해진다. 텔레비전, 컴퓨터와 같은 영상물은 아이들의 감각 기관 중에서 시각 기관에만 집중적으로 자극을 준다. 지극히 수동적이며 한정된 자극으로 균형 있는 뇌 발달을 기대하기 힘들다.

반면에 독서는 능동적인 즐거움을 제공한다. 독서는 인간의 이성을 통제하고 조절하는 전두엽과 감정을 통제하는 변연계의 기능을 활성화시킨다. 책을 읽는 동안 뇌가 전반적으로 끊임없이 사용되기 때문에 뇌는 상당히 피곤하지만 이러한 자극이 뇌를 발달시킨다.

사람들은 영상 정보를 보다 쉽고 빠르게 받아들이고 금방 잊는다. 그러나 문자 정보는 오래 기억한다. 영상 정보는 연출가의 사고 과정을 통해 만들어진 정보이지만, 문자 정보는 읽는 이의 사고 과정을 거쳐 기억되는 정보이기 때문이다.

물론 텔레비전, 컴퓨터처럼 수동적이고 강한 영상 자극에 매료되기 쉽다. 특히 아이는 더욱 그러하다. 이런 자극에 익숙해진 아이는 책, 교과서를 지루하게 느끼고 기피하게 된다.

따라서 영상 정보에 익숙해지다 보면 고전 읽기는커녕 얕은 독서도 제대로 할 수 없다. 아이에게 정말 고전을 읽히고자 한다면 텔레비전을 없앨 것을 강권한다. 이 정도 노력조차 하지 않으면서 자녀가 고전을 읽기를 바란다는 것은 욕심이 아닐까?

거실은 텔레비전을 보는 곳이 아니다

텔레비전을 거실에서 없앴다면 다음으로 할 일은 거실을 서재화하는 작업이다. 거실에 책을 비치해 두면 집 안의 독서 분위기는 자연스럽게 형성되기 마련이다.

이를 증명하듯 좋은 대학일수록 도서관 소장 권수에서 차이를 보인다. 서울대학은 300만 권의 책을 소장하고 있는 데 반해, 도쿄 대학은 800만 권, 일리노이 대학은 1,000만 권, 하버드 대학은 1,500만 권이 넘는다. 심지어 우리나라 도서관에서는 보기 힘든 『조선왕조실록』, 『승정원 일기』까지 구비하고 있다.

다양하고 많은 책이 있을수록 학생들의 수준이 높아진다. 집도 마찬가지이다. 아이로 하여금 고전과 가까워지게 하려면 가급적 다양한 책을 접할 수 있는 환경을 만들어 줘야 한다. 거실이야말로 책과 만나는 최적의 장소이다.

거실을 서재처럼 꾸밀 때는 다음 몇 가지 사항에 유의해야 한다.

첫 번째로 일정 규칙을 정해야 한다. 예를 들어 저녁 8시에는 가족이 모여 책을 읽는다거나, 책 읽는 시간에는 음식물을 삼가는 등의 규칙을 만들어야 한다. 단 아이와 함께 규칙을 정하고 정한 규칙은 눈에 잘 띄는 곳에 붙여 놓는다.

두 번째로 도서관처럼 문학, 인문학, 실용 등 분류 기준을 정하여 책을 정리하는 것이 좋다. 분야별로 나눠 놓으면 아이의 독서 편식을 막을 수 있는 장점이 있다. 하지만 이보다 사람별로 책꽂이를 정해 놓고 활용하는 방법을 권하고 싶다. 아이 눈높이에 해당하는 공간은 자녀에게 할애하고, 나머지 공간을 부모가 활용하는 것이다. 이때 아이의 책꽂이 공간에 평소 좋아하는 책보다 고전처럼 권하고 싶은 책을 꽂도록 한다. 좋아하는 책은 어디에 있든 찾아서 읽기 때문이다.

마지막으로 아이를 도서관 사서로 임명한다. 아이들은 책임감을 가지고 뭔가 하는 것을 좋아한다. 아이를 가정 사서로 임명해 대출 기록장을 쓰게 하는 등 관리를 맡기면 자부심을 느낀다. 이런 자부심은 자연히 책에 대한 관심으로 이어진다.

일주일에 2, 3번, 하루 30분이면 충분하다

많은 부모들이 하루라도 학원을 빠지면 큰일이 나는 것처럼 생각하면서 독서는 하루 이틀 하지 않아도 대수롭지 않게 생각한다. 이런 식으로 책을 읽혀서는 고전은커녕 일반 책도 절대 읽지 못한다.

책은 매일 꾸준히 읽는 것이 중요하다. 간혹 아이가 부모는 안 읽으면서 자신한테만 권하는 것에 불만을 품을 수 있다. 그럴 때는 가족 독서 시간을 정해 아이와 함께 책을 읽도록 하자.

독서 시간은 하루 일과를 모두 마치고 여유가 생기는 저녁 9시 이후, 30분 정도가 적당하다. 보통 아이들은 30분에 50쪽 정도를 읽지만, 고전을 읽을 때는 이보다 훨씬 속도가 느려진다. 30분 동안 문학 고전의 경우 30쪽 내외를, 『명심보감』, 『소학』, 『논어』와 같은 인문 고전의 경우 10쪽 내외

를 읽을 수 있다. 아이의 읽기 수준과 책 종류에 따라 하루 독서 분량을 정하는 것이 바람직하다.

30분을 제시하였지만, 아이의 집중력, 독서력, 나이에 따라 읽는 시간을 조절해야 한다. 저학년은 10분에서, 고학년은 20분에서 시작해 조금씩 늘려 나가는 것이 좋다.

해보면 알겠지만 막상 30분 동안 온 가족이 고전 읽기에 집중한다는 건 쉬운 일이 아니다. 가족의 특징, 아이의 성향 등을 고려해서 읽기 시간을 정하는 것이 좋다. 또한 처음부터 분량을 정하여 읽히기보다 매일 일정한 시간 동안 고전을 읽는 습관을 먼저 만들어 줘야 한다. 그 후 읽을 분량을 정하는 게 좋다.

사실 고전에 재미를 붙이기 전까지는 지도와 격려가 필요하다. 아이가 힘들어하면 재미를 느낄 수 있도록 책을 읽어 주거나 친근한 사례를 이용해 풀이를 해주는 것이 좋다. 일주일 내내 고전을 읽히면 아이가 금방 지친다. 처음에는 일주일에 2, 3일 정도가 적당하다. 그리고 고전을 읽는 날에도 고전 읽는 시간이 끝나면 자유롭게 읽고 싶은 책을 읽게 한다. 아이가 고전 읽기에 익숙해지면 고전 읽는 날과 시간을 조금씩 늘려 가는 것이 바람직하다.

읽은 후에는 서로 읽은 내용에 대해 이야기하는 시간을 가지자. 이 과정을 통해 아이의 사고력이 상승하고 말하기·듣기 실력도 좋아진다. 돈독해지는 가족 간의 유대감은 덤이다.

책을 싫어하는 아이에게 고전을 권하는 방법

사실 책을 좋아하는 아이일수록 고전 읽기가 성공할 확률이 높다. 책을 싫어하는 아이에게 무턱대고 고전을 권했다가는 십중팔구 실패한다. 이런 아이에게는 먼저 책에 대한 흥미를 유발시켜야 한다.

– 고전 책을 선물하라

아이 생일에 책 선물 이상으로 좋은 것은 없지만 평소 책을 싫어하는 아이에게 고전 책을 선물한다면 싫어할 것이 분명하다. 요령은 '1+1'이다. 아이가 평소 갖고 싶어했던 선물과 함께 책을 선물하는 것이다. 이때 중요한 것은 책에 의미를 부여하는 것이다. 딱 한 권만 사주며 그 안에 엄마 아빠가 보내는 생일 축하 메시지를 적어 준다. 이런 책 선물을 받은 아이는

그 책을 소중히 다룬다.

– 도서 대출 카드를 만들어 줘라

〈오프리 윈프리 쇼〉 진행자로 유명한 오프라 윈프리는 도서관 카드를 가졌을 때 마치 미국 시민권을 얻은 것처럼 기뻤다고 한다. 그녀가 도서관 카드를 얼마나 기쁘고 소중하게 여겼는지를 알 수 있다. 책을 좋아하고 즐겨 읽는 아이들일수록 도서 대출 카드를 아낀다. 그렇지 않은 아이들도 도서 대출 카드에 늘어나는 책의 수를 보며 자부심을 느끼곤 한다.

만약 아이에게 도서 대출 카드가 없다면, 인근 도서관을 방문해 만들어 주길 바란다. 또한 인터넷 서점의 회원으로 가입시켜 주자. 책에 대한 최신 정보를 언제 어디서나 얻을 수 있다는 점에서 좋다.

– 서점 가는 것을 좋아하게 만들어라

놀이 공원에 가면 즐겁게 노는 사람들이 많고, 서점에 가면 책을 고르고 읽고 있는 사람으로 가득하다. 사람은 무엇을 보느냐에 따라 생각이 결정된다. 특히 아이들은 더욱 그러하다. 서점에 진열된 많은 책을 보고 놀라고, 수많은 사람들이 책을 읽고 있는 모습을 보면서 감동하고 흉내 내려고 한다.

아이가 서점 가는 것을 좋아하게 만들려면 서점과 관련된 좋은 경험을 만들어 주면 된다. 서점 가는 날에는 아이가 좋아하는 음식을 사주거나 재미있는 영화를 보여 줘 즐거운 인식을 심어 주는 것이다. 이런 경험이 몇 번 반복되면 어느 순간 아이 입에서 "엄마, 우리 서점 언제 가?"와 같은 말이 나올 것이다.

아이가 서점을 친숙하게 생각하도록 만들어 주는 것은 부모의 몫이라고 생각한다. 서점은 책 세계를 구경하고 여행하는 곳이다. 처음에는 책을 구경하다가 나중에는 그 책을 통해 세상을 볼 것이다. 서점은 더 넓은 세상으로 나가기 위한 필수 관문이라고 할 수 있다.

– 아이에게 독서 친구를 만들어 줘라

필자는 아이들과 한 학기에 한 번씩 자기가 가장 감명 깊게 읽은 책을 들고 나와 소개하는 시간을 갖는다. 자기가 읽은 책을 5분 정도 간략히 소개하는 것인데, 소개가 끝나면 여기저기에서 그 책 좀 빌려 달라고 난리가 난다. 교사나 부모 혹은 권위 있는 독서협회에서 추천한 필독 도서에 비할 바 아니다.

이런 현상은 아이들 특유의 또래 문화 때문이다. 고학년으로 갈수록 친구가 소중해진다. 그 책이 좋든 나쁘든 상관없이 친구가 소개해 준 책이라면 읽으려고 한다.

아이가 책을 싫어한다면 이 점을 활용해 보길 바란다. 독서 친구를 만들어 주는 것이다. 서로 읽은 책을 소개하고 바꿔 읽을 수 있는 친구를 찾아 주자. 친구와 함께한다는 사실에 흥미를 보일 것이다. 때로 독서 친구는 서로에게 경쟁심을 유발하기도 한다. 게다가 이맘때 아이들은 부모에게 말하지 못하는 고민과 비밀들이 생기는데 독서 친구는 이를 공유할 수 있는 상대가 되어 주기도 한다.

독서 친구를 만드는 방법은 아이의 독서 친구가 되어 줬으면 하는 친구에게 가끔씩 책을 선물해 주는 것이다. 책을 좋아하는 아이는 책 선물을 대단히 좋아한다. 그렇게 몇 번 선물을 받다 보면 친구도 자신이 읽은 책을 선물한다. 이런 과정이 반복되면서 자연스럽게 독서 친구가 된다.

– 책을 소개하는 기사를 읽혀라

신문이나 잡지 등에 소개된 신간이나 책 관련 기사를 스크랩해서 아이에게 보여 주자. 아이가 흥미를 보이면 그 책을 구입해서 읽힌다. 책 소개 기사를 읽다 보면 저절로 읽어 보고 싶다는 생각이 든다. 특히 자신의 관심 분야일 때는 더욱 그렇다. 처음에는 아이가 좋아하는 분야의 책 기사를 스크랩해서 보여 주자. 이후 조금씩 분야를 넓혀 다양한 기사를 접하게 한다.

– 독서 이력을 관리하라

그가 어떤 사람인지를 알고 싶으면 이제까지 그 사람이 읽은 책을 살펴보면 알 수 있다. 왜냐하면 읽은 책은 그 사람의 사고와 행동에 엄청난 영향을 미치기 때문이다. 이처럼 독서 이력을 관리하는 것은 매우 중요하다. 아이가 받은 상장이나 성적표를 소중히 여기듯이 아이의 독서 이력도 잘 관리해야 한다. 지금까지 읽은 책을 한눈에 볼 수 있도록 정리하면 아이의 독서 편식을 막고 성취감도 선사할 수 있다.

너무 어렵게 생각할 필요는 없다. 아이의 독서록을 모으거나 독서록을 작성하지 않은 책은 간략하게 도서명과 읽은 기간, 짤막한 소감을 적어 보관하면 된다.

추가로 덧붙이자면 입시에서도 독서 이력 관리가 중요해지고 있다. 학

생 생활 기록부에도 독서 이력을 입력하는 공간이 마련될 정도이다. 이는
상급 학교에 진학할 때 객관적인 자료로 활용된다. 따라서 아이의 진로를
정했다면 그 진로와 관계 있는 책을 적절히 읽히는 등 독서 이력을 관리할
필요가 있다.

고전 읽기의 정석

초등 눈높이용 책은 삼가라

고전 읽기는 아이의 흥미 분야에서 시작하는 것이 좋다. 아이가 이야기를 좋아하면 고전 문학부터 읽히는 것이다. 처음부터 인문이나 수필 분야를 시도하기보다 대부분의 아이들이 이야기책을 좋아하므로 이쪽 분야에서 접근하는 것이 좋다.

많은 부모들이 고전에 쉽게 접근할 수 있도록 초등 눈높이로 나온 책이나 만화로 된 책을 읽힌다. 앞에서도 언급했지만 원전 혹은 완역된 책을 읽혀야 한다. 어설프게 내용을 요약하고 쉽게 바꾸어 놓은 책으로는 온전한 고전 효과를 볼 수 없다. 특히 문학 분야와 인문은 더욱 그러하다.

시대를 거슬러 올라가라

고전 문학과 창작 동화를 마치 대치되는 개념으로 이해하는 사람들이 많다. 하지만 그렇지 않다. 오랜 세월 사랑받은 창작 동화가 고전 문학이 되는 것이다. 창작 동화 중에도 고전 이상의 가치를 가진 책들이 많다.

예를 들어 방정환의 『만년 샤쓰』나 권정생의 『강아지 똥』은 이제 창작 동화라고 부르기가 어색할 정도이다. 2002년에 출간된 린다 수 박의 『사금파리 한 조각』도 최근 작품이지만 고전이라 해도 손색이 없다. 이 작품은 2002년에 안데르센 상과 더불어 세계 최고의 아동 문학상으로 꼽히는 미국의 뉴베리 상을 수상했다. 고려시대 다리 밑에서 사는 고아 소년이 도공의 꿈을 이뤄 가는 과정을 그린 것으로, 미국에서만 40만 부 이상 팔린 유명한 책이다. 이런 책들은 100년이 흐른 뒤에도 명작으로 남아 아이들에게 읽히고 있을 것이다.

비교적 최근에 출간된 창작 동화부터 시작해서 조금씩 시대를 거슬러 올라가 읽히면 아이가 거부감 없이 고전을 받아들일 수 있다.

단편, 만만하게 보지 마라

고전 문학을 접할 때 너무 호흡이 긴 작품은 독서력이 뒷받침 되어 있지 않은 아이에게는 힘들다. 『제인 에어』는 800쪽이 넘고, 『허클 베리 핀의 모험』, 『비밀의 화원』도 400쪽이 넘는다. 고전 문학을 처음 접할 때는 『마지막 수업』, 『소나기』, 『사랑방 손님과 어머니』, 『마지막 잎새』와 같은 단편을 그중에서도 한국 명작 단편부터 시작하길 추천한다. 단편부터 시작하는 것은 아이의 부담감을 줄이기 위한 것도 있지만, 성취감을 금방 얻을 수 있어 고전 읽기의 흥미를 부여하고 지속할 수 있는 힘이 되어 주기 때문이다.

사실 장편보다 단편이 더 어려울 수 있다. 짧은 글 속에 메시지를 담아야 하기 때문에 겉 이야기만 이해해서는 안 된다. 속 이야기가 의미하는 바를 캐치할 수 있게 유의하며 읽어야 한다. 단편이 짧다고 하루에 여러 편을 읽혀서도 안 된다. 오히려 장편은 아이의 독서 능력에 맡기고 읽고 싶은 만큼 읽혀도 문제가 되지 않는다. 그렇게 해도 완독하는 데 많은 시간이 걸려 충분히 음미하며 읽을 수 있기 때문이다. 하지만 단편은 마음만 먹으면 한꺼번에 여러 편을 읽을 수 있다. 이렇게 읽어서는 단편이 주는 감흥을 제대로 얻을 수 없다. 하루에 한두 편 정도만 읽게 하고 읽은 후에는 이야기를 나누는 등 책에 대해 생각하는 시간을 가지게 한다.

아이가 특별히 관심을 보이고 좋아하는 단편이 있다면 그 작가의 다른 작품을 권해 보자. 만약 아이가 『톨스토이 단편선』에 관심을 보였다면 톨스토이의 다른 작품인 『전쟁과 평화』, 『부활』을 읽히는 것이다. 이렇게 서서히 장편으로 넘어가야 무리없이 받아들인다.

인문, 철학 고전에도 순서가 있다

많은 부모들이 인문, 철학 고전을 읽히고 싶어한다. 그러나 부모조차 낯선 분야인 만큼 어떤 책부터 시작해야 할지, 아직 어린데 이해는 할 수 있을지 고민이 앞선다.

아이들 역시 인문, 철학 고전을 매우 생소하게 느끼지만 인문, 철학 고전만큼 읽을 만한 가치가 높은 책은 드물다. 그래서인지 아이들이 의외로 잘 읽는 고전이 바로 『소학』, 『동몽선습』, 『명심보감』, 『논어』와 같은 인문, 철학 고전이다.

아이가 『소학』을 읽은 후 종종 읽은 내용을 생활에 접목시켜 이야기하게 되었고 생활 태도가 더욱 좋아진 것 같다. (4학년 학부모)

『논어』를 읽고 나서부터 욕도 줄고, 화도 잘 안 내고, 독서도 더욱
집중해서 하고, 친구들과 잘 어울리게 되었다. (6학년 학생)

『논어』를 읽으면서 마음에 편안함을 되찾은 것 같다. (6학년 학생)

『소학』을 읽은 후, 요즘 엄마에게 예의 바르게 행동하게 되었다.
(4학년 학생)

나는 평상시에 수다스러운데 『소학』을 읽고 수업 시간에는 말을 하면
안 되겠다는 다짐을 하였다. 이후 집중력이 좋아졌다. (4학년 학생)

『사자소학』을 읽은 후, 부모님께 효도해야겠다는 마음이 생겼다.
(2학년 학생)

　　인문, 철학 고전을 읽고 난 후 부모와 아이들의 소감을 소개해 보았다.
그 어떤 책을 읽혔을 때 이런 반응이 나올 수 있을까? 인문, 철학 고전은
교과서나 다른 책과는 비교할 수 없는 힘과 파괴력을 가지고 있다. 이 책
을 읽은 아이들 역시 이를 느끼고 있음을 알 수 있었다.
　　고전 읽기 프로젝트를 진행하면서 아이들이 어른들 이상으로 고전에서
깨달음을 얻으며 그 깨달음을 삶에 적용하는 모습을 많이 보았다. 따라서
아이가 고전을 이해할 수 있을지에 대한 걱정은 완전히 내려놓아도 좋다.
　　그렇다면 인문, 철학 고전은 무엇부터 읽혀야 할까?

　조선시대의 최고 학자 이이는『격몽요결』제4장 독서 편에서 독서의 순서를 다음과 같이 언급하였다. 『소학』→『대학』→『논어』→『맹자』→『중용』→『시경』→『예경』→『서경』→『주역』→『춘추』의 순으로 읽을 것을 권하고 있다. 비교적 읽기 쉬운 순으로 나열된 것인데 읽기 쉽다는 것이 수준이 낮다는 의미는 아니다. 『소학』이 가장 앞서 있는 것은 책의 수준이 낮아서가 아니라 다뤄지는 문제가 좀 더 실생활과 밀접하기 때문이다.

　필자는 초등학생들에게 저학년 때는『사자소학』을 읽고, 중학년 때는『동몽선습』,『격몽요결』,『명심보감』,『소학』을 읽고, 고학년 때는『논어』,『채근담』을 읽을 것을 권하고 있다. 하루에 많은 양을 읽으려고 하기보다 하루에 한두 장씩 읽기를 권한다. 소가 되새김질하듯이 천천히 반복해서 읽을 때 높은 효과를 볼 수 있기 때문이다.

　인문, 철학 고전은 4단계로 읽으면 효과적인데, 바로 '준비 읽기→관찰 읽기→분석 읽기→적용 읽기'이다. 인문, 철학 고전 읽기는 정서적인 감동을 목적으로 하는 문학 독서나 실용적인 지식을 얻기 위해 읽는 실용 독서와는 읽는 목적이 다르다. 인문, 철학 고전 읽기는 마음의 여유와 삶의 지혜를 발견하여 지금보다 한 단계 성장하는 것을 목표로 한다. 이 때문에 가슴에 와닿는 구절을 깊이 묵상하고, 그것을 자신의 삶에 적용하고 실천하려는 노력이 무엇보다 중요하다.

『빌헬름 텔』은 알아도 『동명왕편』은 모르는 아이들

고전 열풍이 불고 있지만 그 속에서도 우리 고전은 외면당하고 있다. 예를 들어 자기 아들 머리 위에 놓인 사과를 화살로 명중시킨 빌헬름 텔의 이야기는 잘 알지만 이와 비슷한 고려시대 이규보가 지은『동명왕편』에 수록된 고주몽의 이야기를 아는 아이는 거의 없다.

『동몽선습』,『삼국사기』,『목민심서』,『율곡집』,『구운몽』,『격몽요결』,『홍길동전』등 우리나라에도 좋은 고전들이 많다. 하지만 외국 문화에 더 친숙한 아이들에게는 우리 고전이 더 낯설고 멀게 느껴지는 듯하다. 고전에 등장하는 인물들의 생활방식이나 가치관이 지금과 사뭇 달라 공감대 형성이 힘든 것도 한몫한다.

효를 중시하며 남을 위해 자신을 희생하는 내용은 개인주의 의식이 강한 요즘 아이들에게 부담스럽고 이해하기 힘들다. 그러나 고전을 접하면서 조금씩 자신의 세계관을 넓히고 사람에 대한 폭넓은 이해력을 갖는 모습을 보였다. 상대방과 자신의 의견이 다를 때 좀 더 유연하고 개방적인 사고를 하게 되는 것이다.

물론 수많은 한자어와 고어가 우리 고전에 대한 부담감을 가중시키기도 한다. 한자 실력이 좋은 아이들이 우리 고전에 쉽게 접근하는 것도 이 때문이다. 모르기 때문에 어렵다고 배척하지 말고 자연스럽게 한자를 이해하고 익히는 계기로 삼을 수 있도록 도와야 한다.

우리 고전은 민족의 정신적 모유(母乳)라고 할 수 있다. 우리의 전통과 민족의 주체성을 갖기 위해서라도 우리 고전을 읽어야 한다.

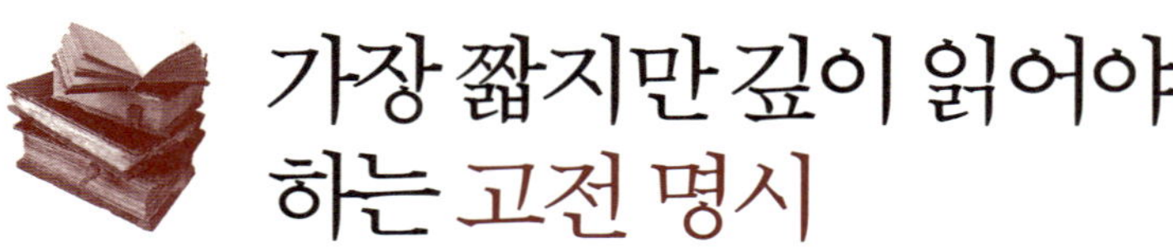

가장 짧지만 깊이 읽어야 하는 고전 명시

시를 즐겨 읽는 아이는 없다. 시험 때문에 교과서에 나오는 시 정도를 읽고 공부할 뿐이다. 이는 아이들 탓이라기보다 부모가 시를 멀리하기 때문이다.

우리 사회가 점점 각박해지는 것도 마음속에 시가 사라져서일지도 모른다. 시는 내면을 풍요롭게 해준다. 사랑하면 누구나 시인이 될 수 있다고 한다. 사랑이 충만하다면 누구나 시를 읊을 수 있고, 시를 읽는 사람은 감수성에 물들게 된다.

아이들을 위한 감정 코칭, 감성 교육에 대한 관심이 매우 높아지고 있다. 공부처럼 성과 위주의 활동에 치중하다 보니 아이들의 감정과 정서가 메마르면서 문제가 발생한 탓이다. 이러한 문제를 시가 해결해 줄 수 있지 않을까?

혹시 아무 짝에도 쓸모없는 시를 왜 읽혀야 하냐고 반박하는 부모가 있다면, 시를 너무 쉽게 보지 말기를 바란다. 시는 긴 소설을 짧은 단어와 구절, 문장으로 함축해 놓은 것이다. 어떤 사람의 인생 혹은 그가 살았던 시대를 고스란히 시 한 구절에 녹인다. 그만큼 시는 함축미가 뛰어나다. 무한한 상상력과 깊은 묵상의 세계로 인도하는 시는 최고의 어휘 선생님이다. 우리가 시인을 언어의 마술사 내지는 언어의 조탁가라고 부르는 만큼 시를 통해 풍부한 어휘력과 사물, 주변에 대한 다양한 시선, 상상력을 배울 수 있다.

시를 읽힐 때는 동시부터 시작해야 한다. 동시에 익숙해지고 흥미를 붙인 후에 한국의 명시를 읽힌다. 그 후 우리 선조들의 지혜와 절개, 풍류가 깃든 옛시조로 넘어가길 바란다.

시에는 엄밀히 이야기하면 어른용, 아이용이 따로 있지 않다. 예를 들어 김동환의 '산 너머 남촌에는 누가 살길래, 해마다 봄바람이 남으로 오네(후략…)'라는 시는 아이들을 위한 시일까? 아니면 어른들을 위한 시일까? 어른이 읽어도, 아이가 읽어도 감동을 주는 명시일 뿐이다.

시는 외국의 번역 시보다 우리나라 시가 훨씬 좋다. 시는 그 나라의 언어나 감수성이 아니고는 도저히 번역이 안 되는 단어들이 많기 때문이다. 그렇기 때문에 되도록 우리의 아름다운 시를 먼저 읽히는 것이 좋다. 그리고 시를 읽는 가장 좋은 방법은 시를 외우는 것이다.

고전 읽기를 준비하라

유혹을 이겨 낼 수 있는 아이는 없다

책을 좋아하는 아이도 당황스러워하는 것이 고전이다. 따라서 고전을 읽
힐 때는 고전에만 집중할 수 있는 환경을 만들어 주는 것이 급선무이다.
아이가 좋아하는 만화책과 텔레비전이 가득한 환경에서 고전을 읽히는 것
은 실패할 수밖에 없다.

고전도 첫인상이 중요하다

고전을 읽히기 전에 책에 대한 가치에 대해 충분히 알려 줘야 한다. 논술,
입시에 도움이 된다거나, 위대한 위인들이 읽은 책이라는 등의 설명을 해
주면 자신들이 대단한 책을 읽을 거라는 생각에 도전해 보고자 하는 마음
을 먹게 된다. 그 마음이 중요하다.

어린이 눈높이용 고전은 고전이 아니다

많은 부모들이 어린용으로 축약, 요약된 책이나 만화로 된 책으로 고전을
시작한다. 이런 책은 껍데기만 고전으로, 온전한 고전 효과를 누릴 수 없

다. 더군다나 내용을 알고 있다는 착각에 완역된 책은 읽지 않게 된다.

일주일에 2, 3번, 하루 30분을 지켜라

고전만 무리하게 읽힐 경우, 아이가 금세 질릴 확률이 높다. 아이의 평소 독서 시간을 조금 줄여 고전 읽기 시간을 넣는다고 생각하면 된다. 일주일 에 2, 3번, 30분 정도가 가장 적당하다. 사실 30분도 긴 시간이다. 처음에 는 저학년은 10분, 고학년은 20분에서 시작했다가 조금씩 늘려 나가는 것 이 현명하다.

책을 싫어하는 아이에게 고전을 읽히고 싶다면

책을 싫어한다면 책을 좋아하게 만드는 것이 급선무이다. 하지만 지금까 지 별 효과가 없었다면, 고전을 통해 책을 좋아하게 만들 수 있다. 바로 독 서 친구를 만들어 주는 것이다. 친구와 함께 한다는 사실에 흥미를 보이 고, 알게 모르게 경쟁심이 생겨 성공적으로 고전 읽기를 시작할 수 있다. 이 방법은 아이가 고전을 완독하는 데도 많은 도움을 준다.

인문, 철학 고전은 학년에 따라 다르게 접근하라

인문, 철학 고전에도 난이도가 있다. 처음에는 비교적 쉽게 받아들일 수 있도록 실생활과 밀접한 내용을 읽히는 것이 좋다. 권하고 싶은 것은 저 학년 때는 『사자소학』을, 중학년 때는 『동몽선습』, 『격몽요결』, 『명심보감』, 『소학』을, 고학년 때는 『논어』, 『채근담』을 읽히는 것이다.

6장

고전 독서법 10가지

고전 읽기는 시작부터 난항에 부딪히기 쉽다.
따라서 처음부터 적절한 읽기 방법을 활용하여
아이가 무사히 고전을 완독하여 효과를 볼 수 있도록 해야 한다.
고전은 부모의 많은 도움이 필요하다.
부모와 함께할 때 아이는 고전 읽기에 도전해 보자는 마음이 생긴다.
처음부터 끝까지 함께한다는 마음가짐으로 시작하길 바란다.

우리는 주로 책을 통해서 위인들과 대화한다. 위인들은 양서를 통해 우리에게 이야기하고 그들의 귀중한 사상을 우리에게 전해 주며, 그들의 정신을 우리에게 쏟아부어 준다.

— 윌리암 채닝

고전 읽기를 시작하기 위해 필요한 준비와 기본적인 접근법에 대해서 소개하였다. 이제 어느 정도 고전 읽기에 대해서 방향을 찾았으리라 생각이 된다.

이번 장에서는 본격적인 고전 읽기에 대해서 다루고자 한다. 사실 고전은 일반 책처럼 접근해서는 실패하기 쉽다. 고전의 읽기 방법은 달라야 한다. 그렇다면 어떻게 달라야 하는 것일까?

이런 의문에 답을 제시해 줄 수 있도록 학교에서 아이들에게 실천하고 있는 방법, 10가지를 알려 주고자 한다. 많은 아이들이 직접 해보고 효과를 얻은 방법들로 누구나 쉽게 적용해 볼 수 있도록 예시와 자료를 같이 실어 놓았다. 이 방법을 다 실천할 필요는 없다. 10가지 방법 중 아이의 성향과 잘 맞는 방법이나 가능해 보이는 방법이 있을 것이다. 이것들만 골라 해보길 바란다.

필자 역시 아이들과 고전 읽기를 시작할 때 쉽지 않았다. 학부모들도 쌍수를 들고 환영하지만은 않았다. 이런 상황이니 아이들은 오죽했겠는가.

이런 아이들에게 동기를 부여하고 포기하지 않고 완독할 수 있도록 다양한 방법을 강구하였다. 고전 읽기를 하며 많은 난관에 부딪힐 것이다. 아이가 고전 읽기를 힘들어하고 싫증을 낼 수도 있다. 혹은 고전 읽기에 전혀 재미를 못 느낄 수도 있다. 이러한 문제들에 직면하였을 때 10가지 방법들이 도움이 될 것이다.

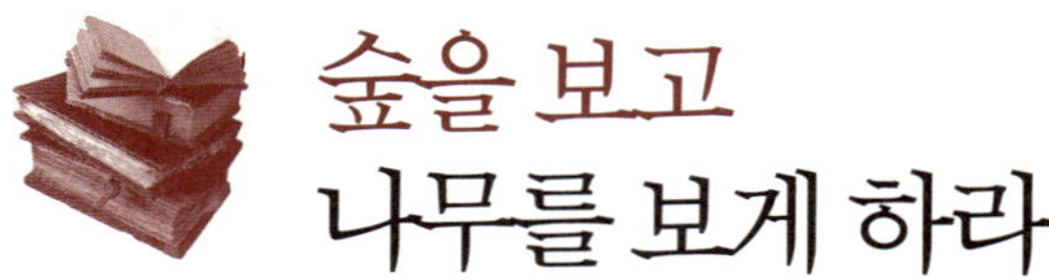

숲을 보고 나무를 보게 하라

필자가 고전 읽기에서 심혈을 기울인 것은 바로 차례 읽기이다. 이는 다른 독서법에서도 많이 강조하는 것이기도 하다. 다른 점이라면 책을 읽기 시작할 때뿐만 아니라 읽는 도중, 다 읽고 난 후에도 차례를 보게 한다는 점이다.

차례를 읽으면 내용의 전체 틀을 파악할 수 있다. 이때 차례를 보면서 본문의 내용을 예측해 보도록 한다. 본문을 읽는 중에도 차례를 살펴보며 앞으로 전개될 내용을 확인하게 한다. 책을 다 읽은 후에도 다시 한 번 차례를 훑어보며 자신이 읽은 내용을 상기해 보도록 한다. 그러면 전체 내용을 보다 쉽게 받아들일 수 있다.

머리말 역시 필독시킨다. 저자들이 가장 공들이는 부분은 바로 머리말로, 그 책을 쓴 목적이나 방향을 알 수 있을 뿐만 아니라 책의 핵심 내용을 파악할 수 있다. 머리말을 읽으면 그 책의 절반은 읽었다고 할 수 있다. 다른 사람이 쓴 책의 요약글을 읽기보다 저자가 직접 심혈을 기울여 쓴 머리말을 읽는 것이 책을 이해하는 데 훨씬 도움이 된다.

"이 이야기에서 주제를 찾으려고 하는 사람은 고소를 당할 것이며, 교훈을 찾으려는 사람은 추방당할 것이며, 줄거리를 찾으려는 사람은 총살당하리라."

이 글은 마크 트웨인이 쓴 『허클베리 핀의 모험』의 서문 중 일부이다. 이 짧은 글을 통해 마크 트웨인이 『허클베리 핀의 모험』이라는 책을 왜 썼는지 그리고 어떻게 읽어야 하는지를 알 수 있다.

외국 고전이라면 '역자(번역가)의 말'도 눈여겨볼 필요가 있다. 역자는 보통 그 방면의 전문가이다. 누구보다 전문적인 식견을 갖췄을 뿐 아니라 그 작품을 누구보다 많이, 깊게 읽은 사람이기 때문에 역자의 말은 우리에게 '원 포인트 레슨(one point lesson)'과 같은 가르침을 준다.

또한 역자가 어떻게 작품을 번역하게 되었는지, 번역 과정에서 어떤 어려움이 있었는지 등에 대해서도 자세히 언급하기 때문에 작품에 대한 보다 폭넓은 이해를 얻을 수 있다.

특히 인문, 철학 고전은 머리말이나 작품 해설에 더욱 신경을 써야 한다. 왜냐하면 그 배경이 되는 이야기들이 상세히 언급되기 때문이다.

예를 들어 마르쿠스 아우렐리우스가 쓴 『명상록』에서는 이 작품을 쓴 저자가 로마의 황제이며 수많은 전쟁터를 누비면서 짬짬이 이 글을 썼다는 사실과 만성 위경련으로 평생 약을 달고 살았다는 이야기가 소개된다. 이러한 사실들을 미리 알게 되면 책에 대한 느낌과 이해가 사뭇 달라진다.

암탉이 알을 품듯 책을 품게 하라

속독에 익숙한 아이들은 고전 역시 빨리 읽고 싶어한다. 고전의 경우 그런 식으로 읽었다가는 글자 읽기로 끝나고 만다. 따라서 지겨워하고 힘들어하더라도 천천히 읽는 습관을 길러 줘야 한다.

"천천히 읽는 법을 배워라. 모든 장점들이 따라올 것이다."라는 말처럼 천천히 읽으면 빨리 읽을 때는 알 수 없었던 것들을 발견하고 배우게 된다.

연애편지 읽듯 읽어야 한다

책을 천천히 읽으라는 것은 정독(精讀)하라는 의미이다. 글자 한 자 한 자 소홀히 하지 않고 읽는 것이 정독이다. 여기서 오해가 없길 바라는 것

은 '천천히' 읽으라고 해서 일부러 늑장 부리며 읽으라는 말은 아니다. '생
각하며' 읽으라는 의미이다.

미국의 철학자 겸 교육자로 유명한 모티머 J. 애들러는 다음과 같이 말
했다.

"사랑에 빠져서 연애편지를 읽을 때 사람들은 자신의 능력을 최대한으
로 발휘하여 읽는다. 그들은 단어 하나하나를 세 가지 방식으로 읽는다.
행간을 읽고 여백을 읽는다. 부분적인 관점에서 전체를 읽고 전체적인 관
점에서 부분을 읽는다. 문맥과 애매함에 민감해지고 암시와 함축에 예민
해진다. 말의 색채와 문장의 냄새와 절의 무게를 곧 알아차린다. 심지어
구두점까지도 그것이 의미하는 바를 파악하려 애쓴다."

애들러의 말 속에 아이에게 고전을 어떻게 읽혀야 하는지가 잘 나타나
있다. 부모는 이를 기억하여 아이가 이런 사항에 주의를 기울여 읽을 수
있도록 도와야 한다. 급히 읽는 아이는 고전의 매력을 알지 못한다.

정독에 충분히 익숙해졌다면 그 후에 중요한 부분만 읽는 약독(略讀)이
나 발췌독으로 넘어가는 것이 바람직하다.

조선시대 유학자 이덕수는『유척기에게 준 글』에서 "빨리 읽고 많이 읽
는 것만을 급선무로 한다면, 비록 책 읽는 소리가 아침저녁 끊이지 않아
남보다 훨씬 많이 읽더라도 그 마음속에는 얻은 바가 없게 된다."고 말하
였다.

"처음에는 어렵게만 느껴지는 고전을 아이가 과연 읽을 수 있을까
회의적이었습니다. 하지만 아이가 힘들어도 꾸준히 읽고 의미를

되새기는 모습을 보면서 고전 읽기의 힘을 느낄 수 있었습니다. 하루는 학교에서 다 읽은 고전 책을 가져 왔길래 한번 펼쳐 보았습니다. 정말 깜짝 놀랐습니다. 군데군데 밑줄이 쳐 있고 감상이나 생각 등이 적혀 있었습니다. 아이가 정말 열심히 읽었다는 것을 한눈에 알 수 있었습니다. 아이가 평소 책을 건성으로 읽는 편이라, 이렇게 읽는다는 것은 상상도 못할 일이었습니다."

6학년 학부모가 고전 읽기에 대해 깊은 만족감을 드러내며 한 말이다. 이 아이는 천천히 생각하며 고전을 읽었기 때문에 부모의 우려를 확신과 놀라움으로 바꿀 수 있었다.

독서 전문가들의 독서 권장량은 저학년 때는 일주일에 2권, 고학년 때는 1권 정도이다. 이는 일반 책의 경우로 고전은 이보다 훨씬 오랜 기간을 잡아야 한다.

일명 '암탉 품기식 독서법'을 권한다. 이는 암탉이 달걀을 부화시키기 위해 20일을 품듯이, 한 책을 20일 정도 품으며 읽는 독서법이다. 20일은 달걀이 병아리로 부화하기 위해 필요한 시간이다. 고전을 온전히 자신의 것으로 만들기 위해서도 품는 시간이 필요하다. 가급적 많은 날 동안 품고 있어야 고전의 내용을 자기 것으로 만들 수 있다.

한 번에 읽어 치우는 방식은 곤란하다. 밥을 빨리 먹으면 배고픔은 달래 줄지 몰라도 탈이 나기 쉽고 영양분을 제대로 흡수하지 못한다. 마찬가지로 책을 빨리 읽으면 줄거리는 파악할 수 있지만 단편적인 지식을 얻는 데 그친다. 천천히 곱씹어 읽는 사이 정보들이 서로 관계를 맺으며 이해를 돕고 어휘력과 사고력을 향상시킨다.

정독의 시작은 부모의 생각 개선에서부터

많은 아이들이 정독하는 것을 어려워한다. 아무리 이야기해도 급하게 읽고, 대충 읽기 일쑤이다. 정독의 경험이 없거나 정독의 기쁨을 알지 못하기 때문이다. 다음의 몇 가지 방법을 통해 정독을 도와야 한다.

먼저 빨리 읽는 것을 칭찬하지 않는 것이다. 평소 아이가 책을 많이, 빨리 읽을수록 좋아하고 칭찬했다면 정독 습관을 길러 주기란 대단히 힘들다. 부모가 먼저 생각을 고쳐야 아이의 독서 습관이 바뀔 수 있다. 아이의 독서 시간이나 독서량보다 내용을 얼마나 이해했는지에 관심을 기울여야 한다.

또 다른 방법은 아이와 대화하면서 읽는 것이다. 특히 『소학』, 『논어』와 같은 인문, 철학 고전은 이 방법이 대단히 효과적이다. 아이와 함께 책 한 쪽을 5분간 읽고 그 내용에 대한 생각과 느낌을 나눈다. 이런 식으로 읽히다 보면 아이는 빨리 읽을 필요성을 느끼지 못하고 자연스레 꼼꼼히 읽게 된다.

같이 읽는 것이 부담된다면 소리 내어 읽게 하자. 음독의 효과와 중요성은 뒤에서도 상세히 언급하겠지만 음독을 위해서는 어쩔 수 없이 천천히 읽게 된다. 단 10분 정도가 적당하다.

읽을 분량과 시간을 정해 주는 것도 정독에 좋다. 예를 들어 아이가 30쪽을 읽는 데 30분 정도 소요된다면 40~50분 정도 시간을 줘 똑같은 분

량을 여유 있게 읽게 한다. 상대적으로 시간의 여유가 생겨 제대로 음미하
며 읽을 수 있다.

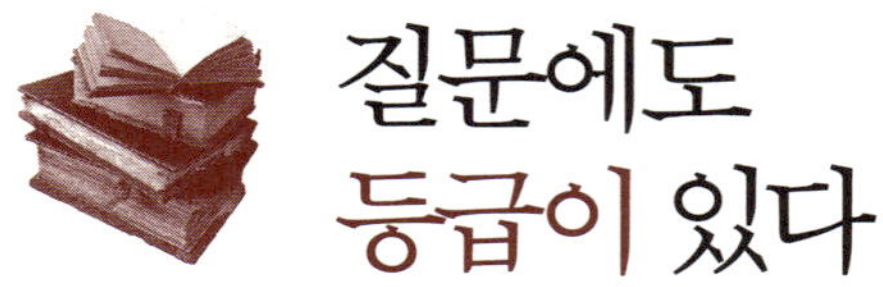

질문에도 등급이 있다

고전을 꾸준히 읽히기 위해서는 부모의 역할이 중요하다. 아무리 책을 좋아하는 아이라도 고전을 계속 읽게 하려면 부모가 함께 동참해 줘야 한다. 같이 읽으며 이런저런 이야기를 나누는 시간이 필요하다.

이때 부모의 역할은 질문자가 되기 마련이다. 부모의 질문이 상당히 중요한데, 질문의 수준이 답변의 수준을 결정하기 때문이다.

1차원적 질문에서 벗어나라

학교에서 아이들과 고전 읽기를 할 때, 가끔씩 딴짓(?)을 하고 싶은 유혹이 든다. 이를테면 밀린 공문을 처리하거나, 일기 검사를 하는 것이다. 하지만 이내 이런 생각을 떨쳐 낸다. 함께 읽지 않으면 현장감 있는 질문을 할 수 없기 때문이다. 질문을 통해 내용의 이해를 높이고, 조금 더 수준 높은 사고를 이끌어 내야 하기 때문에 아이들보다 더 집중해서 읽어야 한다.

집에서도 마찬가지이다. 부모가 먼저 솔선수범하여 고전을 읽어야 한다. 아이는 부모를 그대로 따라 하기 때문이다.

아이들은 이렇게 불평한다. "저한테는 책 읽으라고 하면서 엄마는 잡지나 텔레비전을 봐요. 이게 말이 돼요?" 러시아 언어심리학자 L. S. 비갓스키는 "아이들의 지적인 삶은 주변의 어른들이 결정한다."라고 하였다. 부모는 이 말을 명심해야 할 것이다.

책을 읽어야 좋은 질문을 할 수 있다. "지금 몇 쪽 읽고 있니?", "어때? 재미있니?", "주인공은 누구니?", "줄거리는?"처럼 1차원적인 질문에서 벗어나기 위해서는 질문자가 먼저 정독해야 한다.

"주인공은 누구인가?"와 같은 표면적인 질문은 아이의 사고를 유발시킬 수 없다. 하지만 "주인공의 이름을 왜 그렇게 지었을까?"와 같은 심층적인 질문은 아이의 사고를 유발시킨다.

독서 전문가들처럼 훈련을 받은 사람들은 상황에 따라 적절한 질문을 할 수 있지만, 일반 부모들은 그러기 힘들다. 설령 책을 읽었다 해도 어려움을 느끼는 분들이 많을 것이다.

이를 돕고자 몇 가지 상황에서 사용할 수 있는 질문을 소개하고자 한다. 이 내용은 『하루 30분 혼자 읽기의 힘』에서 일부 참고했음을 밝힌다.

질문 상황	질문 내용
독서 동기에 관한 질문	– 이 책을 어떻게 알게 되었니? – 이 책을 왜 읽게 되었니? – 이 책을 어디서 알게 되었니?
항상 할 수 있는 질문	– 지금 몇 쪽 읽고 있니? – 어때? 재미있니?
때때로 할 수 있는 질문	– 요즘 무슨 책 읽고 있니? – 읽고 있는 책에서 무슨 일이 일어나고 있니? – 다음 내용은 어떻게 될까? – 읽어 보니 어떠니? – 벌써 이만큼 읽었구나! 지금까지 읽은 부분에 대해 이야기해 줄 수 있니?
책 내용과 관련한 질문	– 언제 어디에서 일어난 일이니? – 전혀 생각하지 못한 내용은 무엇이니? – 삽입된 삽화는 어땠니? – 이 책의 주제는 무엇이라고 생각하니? – 만약 네가 작가였다면 고치고 싶은 부분은 어느 곳이니? – 가장 흥미롭게 느껴지는 부분은 어디니?
독서에 몰입을 못하는 경우	– 책에 나오는 단어가 어렵니? – 책 읽을 만하니? – 너무 어렵게 느껴지는 부분은 건너 뛰고 읽으면 어떨까? – 이 책을 읽는 데 유독 시간이 오래 걸리는 이유가 뭘까?
주인공이나 등장인물과 관련한 질문	– 이 책의 주인공은 누구니? – 주인공의 이름을 왜 그렇게 지었을까? – 주인공은 어떤 사람이니? – 주인공에게 가장 큰 시련은 무엇이니? – 주인공의 말이나 행동 중에 가장 기억에 남는 것은 무엇이니? – 주인공은 왜 그런 행동과 말을 했을까? – 그때 주인공의 마음은 어땠을까? – 등장인물 중 누가 제일 마음에 드니? – 등장인물 중 나의 주변 인물과 가장 닮았다고 생각되는 인물은 누구니?

질문 상황	질문 내용
작가와 관련한 질문	– 이 책을 쓴 작가는 누구니? – 이 작가가 쓴 다른 작품은 읽어 보았니? – 이 작가의 문체는 마음에 드니? – 작가가 이 작품을 쓰게 된 특별한 동기가 있니?
책을 다 읽은 후의 질문	– 이 책의 장르는 뭐니? – 점수를 준다면 이 책에 몇 점을 주고 싶니? – 누구에게 소개해 주면 좋을 것 같니? – 이 책은 소장할 만한 가치가 있다고 생각하니? – 다음에는 어떤 책을 읽을 계획이니?

질문 예시

대답보다 질문을 평가하라

지금까지 부모가 질문하는 방법을 소개하였다. 사실은 부모보다 아이가 질문하게 하는 것이 훨씬 효과적이다.

1학년 자녀를 둔 학부모가 이런 이야기를 했었다. "아이가 고전 읽기를 시작한 후 책을 좀 더 집중해서 읽는 것 같아요. 읽은 후 질문이 많아졌거든요." 아이가 책을 읽으며 질문한다는 것은 책에 흥미를 가지고 생각하면서 읽고 있다는 의미이다.

초등학교에서 가장 중요시 여기는 읽기 능력 세 가지는 '상상하면서 읽기', '질문하면서 읽기', '배경지식을 활용하여 읽기'이다. 이 중에서 아이들이 가장 어려워하는 것이 '질문하면서 읽기'이다. 왜 그럴까? 질문하기 위해서는 질문거리를 생각하면서 읽어야 하기 때문이다.

유대인들은 대답보다 질문을 평가한다고 한다. 이것이 바로 유대인들이 세계를 주름잡는 비결이라고 할 수 있다.

아이가 책을 제대로 읽고 있는지 확인하기 위해 애쓰지 말길 바란다. 아이와 함께 책을 읽고 질문을 유도하자. 아이는 부모에게 질문을 한다는 생각에 신이 나서 질문을 만들 것이다. 만약 부모가 대답을 망설일 만큼 수준 있는 질문을 만들어 냈다면, 아낌없이 칭찬을 해주면 된다.

고전 읽기를
지속시키는 힘

고전은 시공을 초월한 훌륭한 작품이기 때문에 위대하기도 하지만 해석이 난해하다. 따라서 아이 혼자 읽는 것보다 부모나 친구와 같이 읽는 것을 추천한다.

만약 초등학생에게 혼자 『사자소학』, 『명심보감』, 『소학』, 『채근담』, 『몽구』, 『논어』와 같은 책을 읽으라고 한다면 읽을 아이들이 몇 명이나 될까? 아마 대부분의 아이들이 엄마가 나를 고문하려 한다고 아우성을 칠 것이다. 하지만 친구들이나 부모와 함께 읽는다면 얼마든지 재미있게 읽어 나간다.

어떤 책을 읽히느냐보다 중요한 요인

그리스 철학자 에피쿠로스는 "무엇을 먹고 마실지를 생각하기보다 누구와 먹고 마실 것인가를 먼저 생각해 보라."고 하였다. 고전은 이런 식의 접근이 필요하다.

고전 읽기를 시작할 때는 책 선정보다 누구와 같이 읽을 것인지를 고민해야 한다. 고전은 좀처럼 혼자 읽기 어렵다. 특히 아이들에게 책만 쥐어 주고 읽으라는 것은 자전거를 사주면서 처음부터 달려 보라고 하는 것과 마찬가지이다. 자전거를 사주었다면 아이가 혼자 탈 수 있도록 가르쳐 주고 도와줘야 한다. 고전 역시 아이가 고전의 맛을 알고 방법을 터득할 때까지 함께 읽어 줘야 한다. 부모가 힘들다면 고전 읽기 그룹을 만들어 주거나 친구를 모아서 같이 읽을 수 있도록 하자.

고전 읽기에 대한 소감을 적어 보라고 했더니, 6학년 여자아이가 "혼자 읽었다면 다 못 읽고 포기했을 텐데, 친구들과 선생님과 함께 읽으니깐 재미있고 끝까지 읽을 수 있었다."라고 써냈다.

고전은 혼자 읽으면 완독하기 어렵고 금방 지루해진다. 하지만 함께 읽으면 재미있게 읽을 수 있고 자신의 능력 이상의 책도 읽어 낸다.

아이들은 중간 중간 혹은 읽기를 마친 후 서로 이야기를 나누기 마련이다. 이때의 대화는 일상 대화의 수준을 넘어선다. 책과 관련한 수준 높은 대화가 오고 가는 것이다. 공자와 그 제자들의 대화 내용을 적어 놓은 것이 『논어』라고 한다면, 친구들과 주고받은 책에 대한 대화는 '아이용 논어'라고 할 수 있다. 이런 대화를 통해 자연스럽게 의사소통 능력과 논리적인 말하기 · 듣기 능력이 향상된다.

혼자 읽으면 아무래도 한정된 관점에서 고전을 읽게 되지만 같이 읽고 의견을 나누다 보면 자연스럽게 시야가 확장된다. 아이마다 경험과 사고의 깊이가 다른 만큼 전혀 생각하지 못한 부분에 주의를 기울이거나 새로운 해석을 하기 때문이다.

이 모든 것이 함께 읽을 때 얻을 수 있는 유익이다.

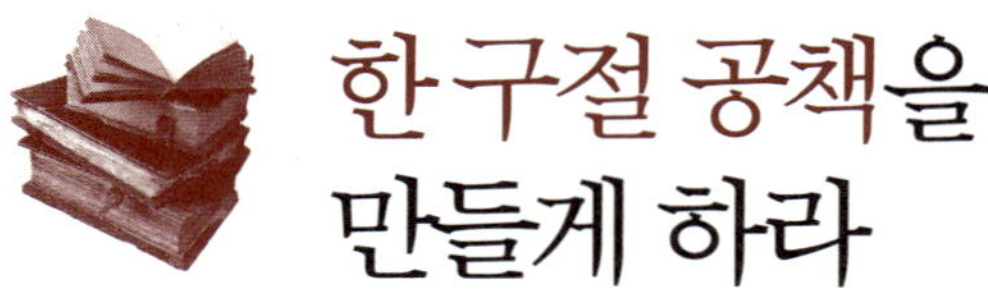

한 구절 공책을 만들게 하라

감동은 사라지지만 기록은 남는다

사람의 일생을 움직이는 것은 몇 권의 책 혹은 몇 마디의 경구일지도 모른다. 고전을 읽다 보면 가슴에 새기고픈 구절들과 만나게 된다. 이를 그냥 스치고 지나가면 그 구절을 읽었을 때의 감동이나 생각은 사라지고 만다. 따라서 이런 구절이 등장하면 반드시 밑줄을 긋거나 명언집을 만들어 따로 관리하는 것이 좋다.

이런 차원에서 필자는 아이들에게 명언집을 만들게 한다. 공책 제목은 '나의 가슴을 울린 한 구절'이다. 줄여서 '한 구절 공책'이라고 부른다. 고전을 읽다가 감동받은 문장을 원문 그대로 그 공책에 적게 한다. 이때 날짜와 발췌한 책의 이름, 그 구절이 왜 좋았는지도 간단히 남기게 한다.

2011년 4월 22일 금요일

나라의 임금이라야 병풍으로 문을 가리는 법인데, 관중도 병풍으로 문을 가렸고, 나라의 임금이이라야 두 임금이 함께 연회를 할 때 술잔 놓는 자리를 둘 수 있는 법인데 관중도 또한 술잔을 놓는 자리를 만들었었다. 그런데도 관중이 예를 안다면, 누가 예를 모른다고 하겠는가? ▶[논어]-팔일(八佾)중...

2011년 4월 25일 월요일

부유함과 귀함은 사람들이 바라는 것이지만, 정당한 방법으로 얻은 것이 아니라면 그것을 누려서는 안 된다. 가난함과 천함은 사람들이 싫어하는 것이지만 부당하게 그렇게 되었다 하더라도 억지로 벗어나려 해서는 안 된다. ▶[논어]-리인(里仁)중...

날짜, 구절, 간단한 소감을 적는 한 구절 공책의 예시

독서록처럼 장황하게 쓸 필요가 없기 때문에 어느 아이나 부담 없이 잘 작성한다. 주의할 것은 감동이 사라지기 전에 바로 메모해야 한다는 것이다. 이렇게 적어 놓은 구절들은 나중에 독후 활동에도 활용할 수 있다.

이렇게 모인 명언 공책은 버리지 않길 바란다. 평생 간직하면서 틈날 때마다 읽을 수 있도록 하자. 시간이 흘러 그 구절을 다시 읽었을 때 당시와는 다른 해석과 감동을 받게 될지도 모른다. 이는 아이에게 사고의 확장 경험을 안겨 줄 것이다.

아이의 고민과 생각을 알 수 있는 명구절

아이들과 같이 고전을 읽다 보면 신기한 일들이 많이 생긴다. 그중 하나가 작품을 읽고 감동을 받은 구절을 이야기해 보라고 하면 겹치는 구절이

많다는 것이다. 가끔 필자의 명구절과는 사뭇 다른 구절을 꼽는데 그때마다 세대 차이를 느끼곤 한다.

친구가 꼽은 구절이 자신과 같을 때면 아이들은 신기해한다. 이런 현상은 왜 생기는 것일까? 처한 상황이나 경험이 비슷하여 생각들이 많이 다르지 않기 때문이다.

하루는 아이들에게 『논어』를 읽고 감명 깊은 구절을 적어 보라고 했다. 그랬더니 몇 가지로 추려졌는데 가장 많이 나온 구절은 다음과 같다.

"남이 자신을 알아주지 못함을 걱정하지 말고, 내가 남을 제대로 알지 못함을 걱정해야 한다."(학이편 16절)

"아는 것을 안다고 하고 모르는 것을 모른다고 하는 것, 이것이 아는 것이다."(위정편 17절)

"군자는 일의 원인을 자기에게서 찾고, 소인은 남에게서 찾는다."
(위령공편 20절)

필자는 개인적으로 "나이 사십이 되어서도 남에게 미움을 받는다면, 그런 사람은 끝난 것이다."(양화편 26절)를 꼽았다. 하지만 이 구절이 좋다는 아이는 한 명도 없었다. 이제 갓 열 살이 넘은 아이들의 당연한 반응일 것이다. 똑같은 내용의 고전이라도 읽는 독자의 처지, 형편, 나이, 경험, 학식에 따라 얼마든지 다르게 이해될 수 있다. 이는 성별이나 나이, 학력에 관계없이 고전을 읽을 수 있는 이유가 되기도 한다. 또한 이렇게 뽑은 구절을 통해 부모는 아이의 마음이나 고민거리 등을 유추해 볼 수 있다.

외우면 더 큰 힘을 발휘하는 명구절

아무리 구구단의 개념을 잘 이해했어도 외우지 않는다면 구구단의 활용 도가 떨어지듯 깨달음을 준 구절도 외워야 위력을 발휘할 수 있다.

나는 오늘 『톨스토이 단편선』 중 〈두 노인〉이라는 글을 읽었다. 나는 그 이야기 중 한 구절이 가슴에 와닿았다. 두 노인 중 한 노인인 엘리사가 코담배를 꺼내자 다른 노인 에핌이 "자넨 왜 그 좋지 못한 습관을 버리지 못하냐."고 책망한다. 이에 대해 엘리사는 "이 나쁜 습관이 나보다 더 강하거든."이라고 말하는데 이 구절에 공감이 갔다. 그래서 선생님이 나누어 준 '나의 가슴을 울린 한 구절'이라는 공책에 적었다.

나는 공부할 때 가끔 딴짓하는 습관이 있는데, 그 습관을 없애 보려고 노력하지 않았다. 내가 지금까지 없앤 나쁜 습관은 등교할 때마다 인사 안 하는 습관이다. 등교할 때 인사 안 해서 엄마한테 자주 혼이 났는데 요즘은 급해도 꼭 인사하고 나온다. 내가 습관을 고칠 때마다 부모님 나이가 10년씩 젊어지시는 느낌이 든다. 이제 공부할 때 딴짓하는 습관을 이겨 보려고 노력이나마 해보자. 차근차근 하다 보면 언젠가는 내가 나의 나쁜 습관을 이기고 있을 거라고 나는 믿는다. '이 나쁜 습관이 나보다 더 강하거든.' 이 구절은 내 책상 앞에다가도 붙여 놔야겠다!

이 글은 『톨스토이 단편선』 중 〈두 노인〉을 읽고 "이 나쁜 습관이 나보다 더 강하거든."이라는 구절에 꽂혀 쓴 일기 내용이다.

아이가 고전을 읽기도 벅찰 텐데 외우고 활용까지 하다니 말도 안 된다고 생각하는 사람이 있을 수도 있다. 필자는 요즘 많은 학부모들에게 아이가 고전을 읽은 뒤부터 외운 글귀를 일상생활에 응용하거나 좋은 글귀를 마음에 새기고 실천하려고 노력하는 모습을 보인다는 이야기를 자주 접하고 있다.

고전을 단지 읽는 데만 목적을 두지 말고, 아이의 생각을 들여다보거나 아이의 행동이나 삶의 기준이 될 수 있는 구절을 발견하는 계기로 활용할 수 있도록 도와주는 건 어떨까?

책에 애착을 가지게 하라

전 학년 고전 읽기를 실시하기에 앞서 시범 학급을 운영할 때의 일이다. 학교 경비를 들여 『논어』를 구입한 후 6주간에 걸쳐 독서를 진행하였다. 이때 아이들이 책을 보다 자세히 읽을 수 있도록 밑줄을 긋거나 메모하게 했다.

처음에는 왜 이런 책을 읽어야 하냐며 불만의 소리가 높았다. 그런데 시범 독서 기간이 끝난 후 책을 걷으려고 하자 아이들이 "선생님! 책 가지면 안 돼요?"라고 졸라 대는 것이다. 책 욕심을 내다니, 요즘 아이들에게서 좀처럼 볼 수 없던 모습이었다. "학교 돈으로 산 책이니 너희들이 개인적으로 구입해서 소장해라."라고 말했더니, 몇몇 아이들은 자기들이 똑같은 책을 사다 드릴테니 자기가 보던 책을 달라고 했다. 왜 그러느냐고 물었더니 손때가 많이 묻어서 꼭 간직하고 싶다는 것이었다. 그래서 졸업 기념으로『논어』책을 아이들에게 준 적이 있다. 고전 읽기를 돕기 위해 고안한 방법이 책을 소장하고 싶게 만든 것이다.

더욱이 중국의 교육자 쉬터리가 "펜을 들지 않고서는 책을 읽지 않는다."라는 말을 했다고 하니, 이렇게 흔적을 남기는 독서법은 나름 검증된 방법이라고 할 수 있다.

지저분하게 읽어라

필자는 책을 읽을 때 종종 책을 덮고, 책갈피의 색이 얼마나 변했는지를 확인한다. 나의 손때가 묻어 색이 변한 부분이 많을수록 묘한 기쁨을 느끼기 때문이다. 이러한 기쁨은 어려운 책일수록 커진다. 쉬운 책은 손때가 묻을 새도 없이 읽어 버리기 때문이다. 내용이 어려운 책은 수십 수백 번 반복해서 읽기 때문에 그만큼 책갈피가 새카매진다. 이는 말로 표현하기 힘든 성취감과 쾌감을 준다.

손때가 묻었다는 것은 숙독의 증거가 되기도 한다. 즉 손때를 묻히며 읽는 방법은 그만큼 고전을 제대로 읽히기 위한 장치라고 할 수 있다.

많은 부모들이 우리 아이가 제대로 읽고 있는지 궁금해한다. 이를 확인함과 동시에 숙독을 유발할 수 있는 방법은 바로 줄을 긋거나 메모를 하게 하는 것이다. 좋은 구절에 밑줄을 긋게 하면 산만하던 아이도 바로 집중하며 읽기 시작한다. 또한 왜 그 부분에 밑줄을 그었는지 물어보면서 자연스럽게 토론으로 넘어갈 수 있다.

21

어떤 사람이 공자에게 말했다. "선생께서는 왜 정치를 하지 않으십니까?"

공자께서 말씀하셨다. "『서경』에 이르기를 '효로다! 오직 효도하고 형제간에 우애하며 이를 정사(政事)에 반영시켜라'35 라고 하였다. 이 또한 정치를 하는 것인데 어찌 관직에 나가야만 정치를 한다고 하겠는가?"

22

공자께서 말씀하셨다. "사람에게 신의가 없으면 그 쓸모를 알 수가 없다. 만일 큰 수레에 소의 멍에를 맬 데가 없고 작은 수레에 말의 멍에를 걸 데가 없으면 어떻게 그것을 끌고 갈 수 있겠느냐?"

글을 읽다 떠오른 생각들을 구절 옆에 적어 놓는다

글을 읽다가 문득 어떤 생각이 떠오를 때가 있다. 아이디어나 영감일 수도 있고 짧은 감상일 수도 있다. 책을 읽으면서 떠오르는 영감은 우리 뇌의 알파파 상태에서 나오는 것으로 고급 영감에 속한다. 따라서 이런 생각들을 놓치지 않도록 그런 생각을 불러일으킨 구절 옆에 적어 놓게 하자.

이는 책에 대한 애착을 불러일으키고 다시 읽었을 때 당시의 생각이나 느낌을 떠오르게 하는데 지금의 느낌과 비교해 봄으로써 스스로의 발전 정도를 확인할 수도 있다.

책을 완독하였다면 표지에 구입 날짜, 읽기 시작한 날짜, 완독한 날짜를 표시하고 한 줄 멘트와 사인을 하도록 하자. 아이의 성취감을 높여 줄 것이다.

　사실 그 효과가 좋음에도 아이들은 줄을 긋거나 메모하며 읽는 것을 어색해한다. 평소 책을 깨끗이 읽어야 한다고 교육받아 왔기 때문이다. 도서관이나 다른 사람에게 빌린 책은 깨끗이 봐야 하지만 자신의 책이라면 부담 가지지 말고 마음껏 흔적을 남기도록 하자. 흔적을 남긴 만큼 그 책은 아이의 분신이 된다.

집중력이 부족한 아이도 즐겁게 읽는 법

　　조선시대 한국, 중국, 일본 중에서 한자 실력이 가장 우수한 나라는 조선이었다고 한다. 그 비결은 천자문 등을 "하늘 천 따 지 검을 현 누를 황~."과 같이 큰 소리로 읽는 방법 즉 음독에 있었다. 우리 조상들은 음독의 효과를 알고 이를 사용할 줄 알았던 것이다. 하지만 지금 우리는 음독 학습을 거의 하지 않는다. 심지어 초등학교 저학년들조차 글씨를 배울 때만 잠깐 음독을 활용한다.

　　묵독이 더 집중력 향상에 좋을 것 같지만 사실 그 반대이다. 사람은 사용되는 감각이 많을수록 기억을 잘한다. 시각 자극만 주는 묵독에 비해 음독은 시각과 청각 자극을 동시에 주기 때문에 그 효과가 더 좋을 수밖에 없다.

　토호쿠 대학의 카와시마 류타 교수는 뇌의 활성화에 영향을 주는 행동을 연구하다 음독의 중요성을 발견했다. 그에 의하면 생각하기, 글쓰기, 읽기 활동에 반응하는 뇌 부위가 저마다 다르며 그 부위는 혈액순환이 좋아진다고 한다. 뇌의 변화를 MRI(자기공명단층촬영) 장치로 촬영한 결과 음독을 할 때 묵독이나 눈으로 보고 암기할 때보다 뇌 신경 세포의 70% 이상이 반응함을 발견하였다.

　음독을 하다 보면 집중력이 좋아지고 읽기 능력이 향상되어 학습 효과가 높아진다. 여기에서 읽기 능력은 강약을 조절하여 정확하게 발음하기, 끊어 읽기, 감정을 이입하여 읽기 등을 모두 포함하는 고급 읽기 능력을 의미한다. 그래서 음독은 주의력이 부족한 아이에게 고전을 읽힐 때 대단히 효과적이다.

　더욱이 이 방법은 아이의 학년이 낮을수록 효과가 좋다. 특히 1, 2학년 아이에게는 적극 추천한다. 가정에서 음독으로 고전을 읽힐 때는 이에 적합한 책을 먼저 골라 줘야 한다. 사실 책의 종류는 그다지 관계없다. 가급적 호흡이 짧은 책이면 된다. 『소학』, 『명심보감』 같은 경서는 장별로 떨어지기 때문에 음독을 하기에 좋다. 고전 명시는 운율과 함축미를 제대로 느끼기 위해서라도 음독을 권한다.

　만약 고전 문학을 선택하였다면 중간 중간 음독을 멈추고 이야기 흐름을 잘 이해하고 있는지 확인해야 한다. 그리고 이후 이어질 이야기를 예측해 보게 한다.

　음독은 가급적 큰 소리로 하는 것이 좋다. 책 읽는 소리가 거실에까지 들릴 정도로 크게 읽어야 한다. 작은 소리로 하다 보면 금방 묵독으로 돌아가기 쉽고 대충 읽게 되어 음독의 효과를 볼 수 없다. 게다가 큰 소리로 음독하다 보면 발표력이 좋아진다.

만약 아이가 음독을 싫어한다면 아이와 한 문장씩 번갈아 가며 읽도록 하자. 이때 아이가 모르는 단어의 뜻을 물어보면 전후 문맥으로 단어의 뜻을 예측해 보게 한다. 잘 맞췄을 때는 적극 칭찬해 줘 성취감과 글 읽는 재미를 느끼게 해준다.

과학적으로 증명된 읽어 주기의 힘

그래 그래 너희 집엔 대리석 계단과 아름다운 정원
그래 그래 너희 집엔 비단옷과 번쩍이는 보석
그래 그래 너희 집엔 맛있는 음식과 공손한 하녀들
그러나 그러나 우리 집에는 책 읽어 주는 엄마가 있단다.

이 글은 영미권에서 구전되어 온 전래 동요를 모아 놓은 동요집, 『머더 구스』에 나오는 노래이다. 이를 통해 우리 아이들이 얼마나 책 읽어 주는 부모를 원하고 자랑스러워하는지 알 수 있다.

아이가 소리 내어 읽는 것만큼 부모가 고전을 읽어 주는 것도 효과적이다. 『쿠슐라와 그림책 이야기』는 책 읽어 주기가 의학적으로 분명한 효과가 있음을 보여 준다. 쿠슐라는 태어날 때부터 염색체 이상으로 손발의 움직임이 부자연스럽고 눈의 초점을 제대로 맞추지 못했다. 의사는 쿠슐라가 신체 장애뿐 아니라 정신 장애까지 있다고 진단했다. 하지만 쿠슐라 부모는 포기하지 않고 태어난 지 4개월이 되었을 때부터 아이를 품에 안고 그림책을 계속 읽어 주었다. 그런데 놀랍게도 아이가 조금씩 반응을 보이기 시작했고, 3년 8개월 후에 받은 검사에서 쿠슐라의 지능은 평균보다 높게 나왔다.

어머니의 책 읽어 주기를 통해 성공한 사람 중에 대표적인 사람은 괴테이다. 60여 년에 걸쳐 쓴 것으로 유명한 그의 대표작 『파우스트』는 그가 얼마나 대단한 작가임을 말해 준다. 그가 이렇게 위대한 작가가 될 수 있었던 것은 그의 어머니가 밤마다 책을 읽어 주었기 때문이라고 한다. 괴테의 어머니는 밤마다 책을 읽어 주면서 가장 재미있는 부분에서 "아가야, 그 다음은 네가 완성해 보려므나."하고 권했다고 한다. 그러면 어린 괴테는 그 이야기를 완성하기 위해 생각에 잠겼다. 이런 상상 습관은 그가 독일 최고의 문호가 되는 밑바탕이 되었다.

부모가 책을 읽어 주는 행위는 아이와 심리적 교감을 나누는 것과 같으며 아이에게 잘 들을 수 있는 귀를 만들어 준다. 잘 듣는 사람은 인간 관계도 좋으며, 수업 시간에 집중력과 이해력도 높다.

밤마다 읽어 주던 책이 괴테를 성장시켰듯이 고전 한 권을 선택해 밤마다 5분씩이라도 읽어 주길 바란다. 부모의 목소리가 고전 효과와 결합하여 아이를 성장시킬 것이다.

손으로 읽게 하라

필사는 책을 그대로 베껴 쓰는 것이다. 음독이 입과 귀를 동원하는 읽기 방법이라면 필사는 손으로 읽는 방법이라고 할 수 있다. 다소 무모해 보여도 고전을 가장 잘 이해시키는 방법이기도 하다.

필사는 절대 빨리 진행할 수 없다. 특히 아이들은 글자 쓰는 속도도 느리기 때문에 더욱 더디다. 한 문장을 베껴 쓰기 위해서는 여러 번 그 문장을 속으로 되뇌며 이해하려고 애써야 한다. 그러다 보니 저절로 세세한 부분까지 꼼꼼히 곱씹듯 읽게 된다. 이해력과 사고의 깊이가 저절로 깊어질 수밖에 없다.

게다가 필사를 하다 보면 작가의 글 전개 능력, 문체, 생각 등을 저절로 습득하게 된다. 필사는 글쓰기의 속성 과정이라는 말도 있을 정도이다.

작가 지망생들이 『소나기』나 『메밀꽃 필 무렵』과 같은 작품을 여러 번 필사하는 것도 바로 이런 이유 때문이다.

필사는 다른 용도로도 활용되는데, 필자는 아이들의 생활 지도 수단으로 사용한다. 친구에게 욕을 하거나 괴롭히고 싸울 때마다 『명심보감』이나 『논어』와 같은 책을 한 장(章) 정도 필사하게 한다. 이 방법은 장황하게 훈계를 늘어놓거나 혼을 내는 것보다 더 효과적이다. 씩씩거리던 아이도 필사를 하는 사이 마음이 가라앉는다. 고전의 명구절들이 아이의 마음을 어느새 교정시켜 주는 것이다.

정약용이 아들에게 추천한 독서법

초서(抄書)의 방법도 좋다. 초서의 초는 '노략질한다'라는 뜻으로 초서란 '책을 노략질한다'는 의미이다. 즉 책의 중요한 부분만 노략질하듯이 베껴 가며 읽는 방법이다.

필사와 다른 점은 단순히 베끼기보다 자신이 목표하는 바나 찾고자 하는 바를 책에서 발견하고 그것을 옮겨 적는 독서법이다. 아이들에게 힘들 수 있다. 따라서 초서는 어느 정도 고전 읽기가 자리를 잡고 생각과 주관이 명확해졌을 때 시도해 보는 것이 좋다.

정약용은 아들에게 초서를 강조하였다.

초서(抄書)의 방법은 먼저 내 학문이 주장하는 바가 있은 뒤에, 저울질이 마음에 있어야만 취하고 버림이 어렵지가 않다. 학문의 요령은 전에 이미 말했는데, 네가 필시 잊은 게로구나. 그렇지 않고 서야 어찌 초서의 효과를 의심하여 이런 질문을 한단 말이냐?

—정민『다산선생 지식경영법』중

다산이 귀양지에서 두 아들에게 보낸 편지의 일부이다. 아들들이 아버지가 권한 초서식 독서법에 대해 의문을 제기하자 다산이 단호하게 일침을 가하는 내용이다. 다산은 자신도 초서식 독서법을 즐겨했을 뿐만 아니라 아들들에게도 초서식 독서법을 강조하였다.

정약용이 누구인가?『목민심서』를 포함하여 492권의 책을 저술한 대학자이자 정치가이다. 그런 그가 자식에게 권한 독서법이니, 분명 그 효과가 검증된 것이다. 다만 앞에서도 말했듯이 신중하게 접근해야 한다.

필사보다 중요한 것은 도서 선정이다

어떤 책을 필사해야 할까? 어떤 이는 '독서가 아메리카노라면 필사는 에스프레소'라고 말한다. 그만큼 필사를 하면 머리에 진하게 박힌다는 뜻이다. 따라서 필사를 시킬 때는 아무 책이나 선택해서는 안 된다.

장편보다는 단편 고전 중에서 아이에게 주고 싶은 교훈이나 주제가 담긴 것을 골라 시작하도록 하자. 우리나라 단편 문학이나 경서를 권하고 싶다. 필사한 책은 아이가 그대로 흡수하게 되므로, 오역이나 오류가 있을지 모르는 외서는 피하는 것이 좋다.

『소나기』,『메밀꽃 필 무렵』,『명심보감』,『소학』은 필사하기 좋은 작품이라고 할 수 있다. 이밖에도 『잠언』은 경서들 중 오류가 가장 적은 책인 만큼 필사해 볼 것을 권한다.

한 권의 책을 가족끼리 나눠서 필사하는 것도 좋다. 필사를 꾸준히 해나갈 수 있으며 가족 간의 유대감을 공고히 해준다.

가끔 컴퓨터로 필사하는 건 안 되는지 묻는 사람들이 있다. 필사는 책을 빨리 읽겠다는 생각을 애당초 버린 독서법이다. 한 자 한 자 몸으로 읽는 독서법인 만큼 컴퓨터 자판으로 필사하는 것은 효과가 전혀 없다. 만약 아이가 너무 싫어한다면 필사보다 그냥 천천히 읽을 것을 권한다.

가르쳐 주지 말고
깨닫게 하라

"책을 백 번 읽으면 그 뜻이 스스로 보인다."라는 말은 반복 읽기의 중요성을 잘 대변해 주고 있다. 필자는 이 말뜻을 아이들과 『사기열전』을 읽으면서 몸소 체험했다.

『사기』는 사마천의 작품으로, 중국 역사상 최고의 역사책으로 꼽힌다. 사마천은 아버지 대부터 시작한 이 책의 집필을 완성하기까지 37년이 걸렸다. 『사기』 중에서도 『사기열전』은 백미로 꼽힌다. 그런 『사기열전』을 아이들과 읽다 그 어려움에 쓰러지는 줄 알았다. 흥미진진한 내용에 반해 중국 역사이다 보니 등장하는 나라나 인물, 어휘 모든 것이 생소했다. 아이들의 질문이 쏟아졌다. 이때마다 일일이 가르쳐 주기보다 열 번 이상 읽어 봤냐고 물어보았다. 처음에는 가르쳐 주지 않는다며 투덜거리다가도 여러 번 반복해서 읽어 보는 사이 스스로 깨우쳤다. 그때마다 아이들은 엄청 뿌듯해하며 『사기열전』에 더욱 빠져들었다.

고전 읽기의 진정한 발견

책은 저자의 분신이며 인격 그 자체이다. 책 한 권에 저자의 모든 생각과 가치, 인생이 고스란히 녹아 있기 때문이다. 그렇기 때문에 책을 읽는다는 것은 저자와의 만남이라고 할 수 있다. 영국 소설가 골드 스미스는 "좋은 책을 처음 접하면 새 친구를 얻는 듯하고, 전에 읽은 책을 다시 읽게 되면 옛 친구를 만난 것 같다."고 말하기도 했다.

특별히 고전의 저자들은 보통 사람들이 아니다. 그 분야에서 권위와 천재성을 지닌 특별한 사람들이다. 따라서 고전을 통해 이런 특별한 사람들을 만난다는 것은 특별한 인생을 살아갈 준비를 하는 것과 마찬가지이다.

그런 만큼 고전은 한 번의 독서로 그 구실을 다하는 것이 아니다. "재독하고 애독하며, 다시 손에서 떼어 놓을 수 없는 애착을 느끼는 데서 그지없는 가치를 발견할 것이다."라고 말한 러스킨의 말처럼 고전은 재독하고 애독해야 한다.

위편삼절(韋編三絕)은 공자의 독서법 중의 하나이다. 공자가 『주역』을 깨치기 위해 반복해서 읽다 보니 죽간을 묶은 가죽 끈이 세 번이나 떨어졌다는 데서 유래된 말이다. 위편삼절식 독서를 한 사람이 공자뿐이겠는가?

조선시대 성리학의 대가로 꼽히는 정여창은 『소학』을 30년 동안 읽은 것으로 유명하다. 그는 그 이유를 "나는 자질과 능력이 남들보다 못한 사람이다. 그렇기 때문에 전심전력을 다해 독서하지 않으면 털끝만 한 효과도 얻기 힘들다.”고 하면서 소학을 읽고 또 읽었다고 한다. 영조대왕 역시 『소학』을 100번 넘게 읽었으며 중국 송나라 재상 조보는 평생 『논어』만 읽었다고 한다.

이들은 왜 그렇게 같은 책을 여러 번 읽은 것일까? 뛰어난 머리로 시대를 호령한 성군이요, 재상이요, 사상가였는데 말이다. 바로 고전 읽기의 진정한 발견은 반복해서 읽는 데 있기 때문이다.

독서삼독하라

독서삼독(讀書三讀)이라는 말이 있다. 이 말은 책을 읽을 때 세 가지를 읽어야 한다는 말이다. 첫째는 텍스트 읽기, 책의 내용을 읽고 이해하는 것이고, 둘째는 저자 읽기, 책을 쓴 사람을 이해하고 그와 대화를 나누는 것이고, 마지막은 자신 읽기, 책을 읽으면서 자신을 성찰하고 이해하는 것이다. 이런 독서삼독이 되려면 책을 반복해서 읽어야 한다. 반복해서 읽지 않으면 텍스트 읽기에 그칠 수밖에 없다.

아이들 역시 한 번 읽었을 때와 두세 번 읽었을 때 전혀 다른 느낌과 깨달음을 얻었다. 처음 읽을 때는 내용, 줄거리 파악에 급급한 데 반해 두 번째부터는 자기만의 해석을 해보는 등 넓은 시야에서 접근했다.

（…전략） 책을 다 읽고 난 후 독서록을 쓰기 위해서 『톨스토이 단편선』을 다시 읽었다. 그런데 첫 번째로 읽었던 것과는 전혀 다른 느낌과 생각이 들었다. 내가 다르게 느낀 부분 중에서 가장 생각나는 이야기는 〈사람은 무엇으로 사는가?〉와 〈두 노인〉이다.

〈두 노인〉에서 나는 처음에 엘리사가 에핌보다 더 괜찮은 사람이라고 생각했지만, 이번에는 다르게 생각했다. 왜냐하면 엘리사는 친구인 에핌만 놔두고 간 것과 마찬가지이기 때문이다. 나는 엘리사가 에핌과의 약속을 지키지 않은, 즉 거짓말을 한 사람이라고 생각했다.

또 〈사람은 무엇으로 사는가?〉에서 미카엘 대천사가 사람은 사랑으로 산다고 하였다. 하지만 나는 미카엘이 언급한 '사랑'이라는 범위를 '감정'으로 바꾸고 싶었다. 왜냐하면 사람은 분노, 증오 등 부정적인 감정을 가지고 살기도 하기 때문이다.

비록 내가 다시 물음표를 던져서 다른 답을 얻어 내기도 했지만 『톨스토이 단편선』은 매우 훌륭한 책이라는 것을 느끼게 되었다.

한 여자아이가 『톨스토이 단편선』을 읽고 작성한 글이다. 이 아이는 독서록을 작성하기 위해 책을 다시 읽었는데, 그 느낌이 처음과 전혀 다르며, 주인공에 대한 생각도 바뀌었다고 적었다. 또한 〈사람은 무엇으로 사는가?〉에서 저자는 이 물음에 대해 "사람은 사랑으로 산다."라고 밝히고 있지만, 자신은 "사람은 감정으로 산다."라고 말하고 싶다고 했다. 저자의 생각을 자신의 생각과 견주어 읽고 있는 것이다. 이 아이는 독서삼독 중 최소 두 가지 차원에서 책을 읽었다고 할 수 있다. 이런 재발견이 가능한 이유는 책을 반복해서 읽었기 때문이다.

책을 열심히 읽고 있는 것 같지만 실은 줄거리 읽기에 급급한 아이들이 많다. 이런 아이들은 줄거리 전개가 다소 느리고 흥미가 떨어지는 부분은 대충 읽는다. 또한 줄거리와 관련 없는 인물이나 대사, 배경 등에는 주의를 별로 기울이지 않는다. 책을 반복해서 읽으면 이와 같은 '줄거리 따라가기식' 독서 습관도 버릴 수 있다.

고전을 읽힐 때는 적어도 세 번은 읽힐 것을 권한다. 처음에는 줄거리와 내용을 중심으로 정독시킨다. 모르는 어휘가 있으면 사전도 찾아보며 꼼꼼히 읽게 한다. 한 권을 다 읽었다면 일주일 정도 시간을 두었다가 다시 읽힌다.

이때는 비판하며 읽도록 한다. "왜 이런 곳에 이런 어휘를 사용했을까?", "나라면 어떻게 했을까?", "저자는 이 책을 통해 궁극적으로 무엇을 말하고 싶었을까?" 등 분석적으로 읽게 하는 것이다.

그리고 마지막에는 삶에 적용하면서 읽도록 한다. 『근사록』이라는 책에 "공자의 『논어』를 읽어, 읽기 전과 읽은 후가 똑같다면 구태여 읽을 필요가 없다."라는 말이 등장한다. 아이에게 고전을 읽히는 궁극적인 목표는 바로 아이의 내면적 성장일 것이다. 따라서 마지막에는 그 책이 무엇을 말하고자 하는지 생각하고, 이를 삶에 구체적으로 적용하면서 읽을 수 있도록 한다.

한 번 읽은 것은 읽어 봤다고 말할 수 있고, 두 번 읽은 것은 안다고 할 수 있고, 세 번 읽으면 그 책이 내 안에 있다고 말할 수 있다.

외국 고전은
비교 독서하게 하라

고전은 반복해서 읽혀야 한다고 강조했다. 외국의 유명한 고전 문학들은 다양한 번역본으로 출간되어 있기 때문에 다른 번역본을 구해 읽히는 것이 좋다. 같은 작품인데도 번역자에 따라 그 맛과 색이 전혀 다르게 느껴진다.

아침입니다. 이제 막 떠오른 태양이 고요한 바다를 황금빛으로 물들이고 있습니다. 해변에서 그리 멀지 않은 바다에 고깃배 한 척이 떠 있습니다. 고깃배에서 물고기를 모으려고 밑밥을 던지자, 우두머리 갈매기는 이 소식을 끼룩끼룩 다른 갈매기들에게 전합니다. 수많은 갈매기 떼가 무리를 지어 날아와 음식 조각을 얻기 위해 다

툽니다. 분주한 하루가 시작된 것입니다.

—『갈매기의 꿈』(예림당. 유영일 옮김)

아침이었다. 새로운 태양이 황금빛으로 출렁이고 있었다. 해변으로부터 1킬로미터쯤 떨어진 곳에서 고기잡이 배 한 척이 먹이를 가득 던져 주며 물고기들을 유인하고 있었다. 아침 먹이를 찾고 있던 갈매기 떼에게도 그 소식이 바로 전해졌고, 그러자 수천 마리의 갈매기들이 몸을 던져 한 조각의 먹이를 위해 싸움을 벌였다. 그렇게 또 하루의 분주한 날이 시작되고 있었다.

—『갈매기의 꿈』(현문미디어. 류시화 옮김)

이 두 번역서는 1970년에 출간되어 미국 문학 사상 최대 베스트셀러였던『바람과 함께 사라지다』의 판매 기록을 뛰어넘은 리처드 바크의『갈매기의 꿈』이다. 이 책을 읽어 보지는 않았더라도 "가장 높이 나는 새가 가장 멀리 본다."라는 구절 정도는 들어 보았을 것이다. 여기서 소개한 내용은 이 책의 맨 앞부분으로 출판사와 번역가에 따라 전혀 다른 느낌이 나는 것을 확인할 수 있다. 어떤 번역이 더 좋은지에 대한 판단은 독자의 몫이다.

책보다 번역자를 골라라

번역서를 읽다 보면 도대체 무슨 뜻인지 모를 때가 있다. 이는 대부분

번역이 잘못된 경우이다. 필자도 대학원에서 교육 철학을 전공할 때 이와 비슷한 경험을 했다. 전공 교수가 철학 원서를 읽어 오라고 과제로 내주었다. 시간은 없고 영어 실력도 부족한 탓에 대대로 내려오는 번역 족보에 의존했다. 하지만 아무리 읽어도 이해가 가지 않는 것이다. 결국 번역 족보를 포기하고 사전을 찾아가며 원서를 읽었더니 훨씬 이해가 잘 되었다.

어떻게 번역하느냐에 따라 원서보다 어려운 번역이 나올 수 있다. 번역도 또 하나의 창작이다. 그만큼 번역은 어렵고도 중요하다. 더구나 고전은 한 문장을 위해 작가가 수많은 밤을 지새우고 씨름을 하여 완성된 책이다.

현재 우리나라 최고의 작가로 손꼽히는 김훈은 『칼의 노래』라는 작품의 첫 문장으로 "버려진 섬마다 꽃이 피었다."와 "버려진 섬마다 꽃은 피었다." 사이에서 한나절을 꼬박 고민하며 담배 한 갑을 태웠다고 한다. '은'과 '이' 고작 한 글자 차이가 뭐 그리 대단할까 싶지만 작가에게는 점 하나, 조사 하나마다 의미가 다른 것이다.

이는 번역에서도 마찬가지이다. 번역을 어떻게 하느냐에 따라 그 책의 가치가 달라진다. 때로는 오역 때문에 세기의 고전 명작이 뜻도 알 수 없는 졸작으로 전락하기도 한다. 따라서 번역서를 선택할 때는 번역가를 잘 보고 선택해야 한다. 가급적 그 분야의 전문 번역가의 번역서를 구매하는 게 좋다.

어떻게 읽었느냐가 고전 효과를 좌우한다

한 권의 책을 품기 위해서는 20일이 필요하다

고전을 온전히 자신의 것으로 만들기 위해서는 빨리 읽는 것보다 오랜 시간을 들여 천천히 읽는 것이 좋다. 가급적 많은 시간을 들여 꼼꼼히 읽는 것이 좋은데, 한 권을 읽는 데 가장 적합한 시간은 20일이다.

고전에도 읽기 방법이 있다

고전은 적어도 세 번을 읽어야 한다. 처음에는 줄거리와 내용을 중심으로 정독하게 한다. 모르는 어휘를 찾아가며 꼼꼼히 읽게 한다. 완독하였다면 일주일 후 내용을 분석하며 비판적으로 읽게 한다. 마지막에는 책에 나온 내용을 삶에 적용하며 읽도록 한다.

아이의 독서를 확인하지 마라

아이가 제대로 읽고 있는지 궁금할 것이다. 하지만 이를 확인하기 위해 꼬치꼬치 캐묻다 보면 고전 읽기가 숙제처럼 느껴져 싫어질 수 있다. 이보다 아이에게 책 내용에 대해 질문을 만들어 보라고 하자. 부모에게 질문을 한다는 생각에 신이 나서 질문을 만들 것이다. 이를 통해 아이의 이해 정도를 파악할 수 있다.

부모와 아이는 일심동체이다

아이는 고전을 읽히는 엄마가 원망스러울 수 있다. 부모는 읽지 않으면서 아이에게만 강요한다면 불만은 더욱 쌓여 고전 읽기가 실패할 확률이 높다. 더군다나 책만 쥐어 주고 고전을 읽으라고 할 때 성공적으로 읽을 수 있는 아이는 없다. 고전의 맛을 알고 방법을 터득할 때까지 부모도 아이와 함께 고전을 읽어야 한다.

산만한 아이는 몸으로 읽게 하라

아이가 산만하다면 고전 읽기는 힘들 수 있다. 한 구절, 한 구절 그 의미를 짚어 가며 읽어야 하기 때문이다. 만약에 아이가 집중력이 약하고 활동적이라면, 음독이 효과적이다. 단 음독을 할 때는 『소학』, 『명심보감』처럼 호흡이 짧은 책을 선택해야 한다.

아이의 질문에 답해 주지 마라

생소한 어휘와 인물, 내용이 많아 고전을 읽다 보면 아이가 질문을 할 것이다. 이때 바로 답해 줘서는 안 된다. 아이의 사고가 성장하는 기회를 앗아가는 것과 다름없다. 먼저 아이에게 그 부분을 열 번 이상 읽어 보라고 한다. 그 부분을 반복해서 읽는 사이 스스로 깨달을 확률이 높다. 그래도 알지 못한다면 그때 알려 주는 것이 바람직하다.

7장

고전 효과를 2배로 향상시키는 독후 활동

"즐겁게 읽는 방법을 강구하라"

아이는 재미가 없으면 금방 질려한다.
고전의 흥미를 북돋우는 한편 이해를 도울 수 있는 방법을
끊임없이 강구해야 한다. 책과 관련된 영화나 공연을 보거나
저자와 관련된 장소를 방문하는 것도 좋다.
이러한 활동들은 고전에 대해 긍정적인 인식을 심어 줘,
다시 한 번 고전 읽기를 시도하게 만든다.

진실로 위대한 보고는 꼼꼼하게 선별된 책에 있는 법이다! 책에는 우리들이 이용할 수 있게끔 수천 년에 걸쳐 인류에 이바지한 지혜로운 사람들이 연구한 결과와 지혜의 산물들이 들어 있기 때문이다. 심지어 막역한 친구에게도 밝히지 않았던 동서고금의 사상들이 책에서는 명징(明澄)한 언어로 표현되어 있다. 그렇다! 우리는 살아가는 내내 정신과 마음을 단련시켜 주는 뛰어난 작품과 고전에 감사의 마음을 가져야만 한다.

- 랄프 왈도 에머슨

　필자가 근무하는 학교에서는 전교생을 대상으로 고전 읽기를 하고 있지만 고전 읽기의 효과는 반마다 다르게 나타난다. 어떤 반 아이들은 고전 읽기의 효과가 두드러지는 반면 그렇지 못한 반도 있는 것이 현실이다. 이렇게 차이를 보이는 데에는 여러 가지 원인이 있겠지만 독서 단계와 독후 활동이 미치는 영향이 크다.

　독서 과정은 '독서 전 단계', '독서 단계', '독서 후 단계'로 나눌 수 있다. 이 중에서 우리는 책을 읽는 '독서 단계'만을 중요하게 생각하는 경향이 있다. 사실 독후 활동도 대단히 중요하다. 책의 분야, 내용의 수준, 아이의 읽기 능력 등을 고려하여 얼마나 다양하고 깊이 있는 독후 활동을 해주느냐에 따라 고전 읽기의 효과도 달라진다.

　이런 독후 활동을 통해 아이들은 읽을 때 몰랐던 것들을 깨닫거나 새로운 감동을 받는다. 심지어 독후 활동이 재미있어 고전 읽기에 즐거움을 느끼는 경우도 있다.

　현실적으로 독후 활동은 너무나도 다양하다. 그 많은 독후 활동을 이 장에서 다 소개한다는 것은 불가능하므로, 몇 가지 쉽게 접근할 수 있는 것들만 알려 주고자 한다.

　이 외에도 아이와 함께 창의적인 독후 활동을 고안하여 실천해 보기를 바란다.

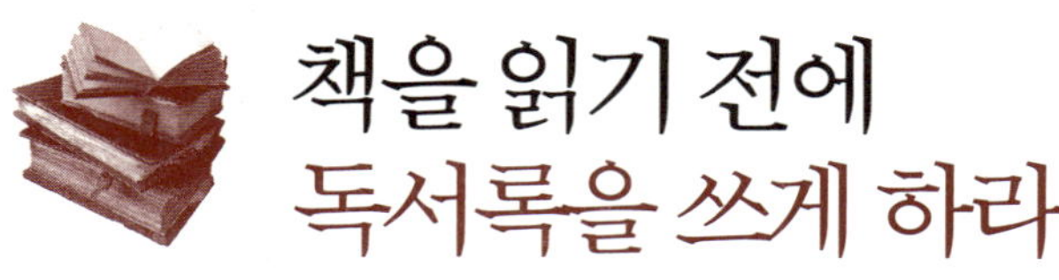

책을 읽기 전에 독서록을 쓰게 하라

책을 아무리 많이 읽더라도 생각하지 않으면 사고력을 키울 수 없다. 책을 읽고 생각하는 과정이 바로 독서록이다. 이 활동의 핵심은 자신의 느낌, 생각, 주장, 상상, 의문점 등을 글로 표현하는 것이다.

독서록을 작성하기 위해서는 책 안에 담겨 있는 진리, 가치관, 생각 등을 이해해야만 한다. 즉 독서록은 정독을 하게 한다.

또한 독서록을 쓰다 보면 책을 비판적으로 읽게 된다. 이런 과정을 통해 형성된 비판력은 고등 학문의 기초가 될 뿐 아니라 다른 사람의 주장이나 신문이나 뉴스 등 정보의 가치를 평가하는 힘이 된다.

그래서 독서록을 쓰다 보면 독창성이 발달한다. 독창성이란 새롭고 기발한 것이 아니라 '문제를 다각적으로 보는 능력'이다. 자유롭게 발상하고 문제를 다른 시각에서 볼 수 있도록 생각을 다듬어 준다. 독서록을 쓰다 보면 논술 실력이 좋아지는 것도 이 때문이다.

독서록은 자신이 파악한 책의 내용과 작가의 생각을 일정한 형식을 갖춰 정리한 것이라고 할 수 있다. 독서록의 가장 일반적인 형태는 글의 주제에 대한 생각이나 견해를 밝히고 자신의 주장을 펼치는 것이다. 단순한 과정 같지만 모든 사고 과정이 총동원되어야 가능한 고등 정신 활동이다.

사실 독서록은 부모와 아이가 전쟁을 벌이는 주요 원인 중 하나이다. 아이는 쓰기 싫다고 버티고, 부모는 써야 한다고 채근한다. 이런 일이 반복되다 보면 아이는 독서록이 쓰기 싫어 책 자체를 싫어하게 된다. 이런 일들이 생기는 것은 독서록에 대한 편견 때문이다.

보통 독서록은 책을 다 읽은 후 하는 활동으로 생각하지만 사실 독서록은 책을 읽기 전부터 쓰는 것이다. 그 책을 읽게 된 동기나 독서 전략, 예상 내용 등은 읽기 전에 쓸 수 있다. 그 후 책을 다 읽고 핵심 내용과 느낀 점, 배운 점을 추가하여 독서록을 완성한다. 또한 읽은 책마다 독서록을 작성해야 하는 것은 아니다. 아이에게 어느 정도 선택권을 줘야 한다.

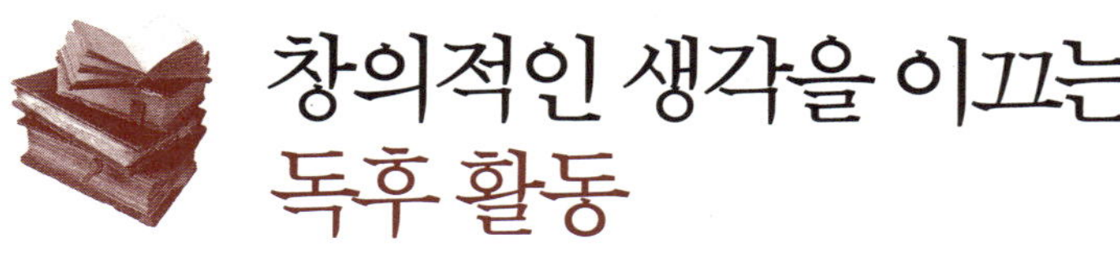

창의적인 생각을 이끄는
독후 활동

독서록은 가장 일반적인 독후 활동으로, 이 외에도 다양한 독후 활동이 있다. 한 권의 책을 읽고도 다양한 독후 활동을 해볼 수 있다. 아이들이 손쉽게 할 수 있는 몇 가지만 소개하고자 한다.

아이의 손에서 고전이 재탄생한다

원문 바꿔 쓰기는 책을 읽다가 좋은 글귀나 유명한 부분을 바꿔 적어 보는 활동이다. 시키는 입장에서는 편하지만 아이 입장에서는 몇 날 며칠을 끙끙 앓아야 하는 활동이기도 하다.

어느 날 아이들과 『백범일지』를 읽고 난 후 책 마지막에 등장하는 '내가

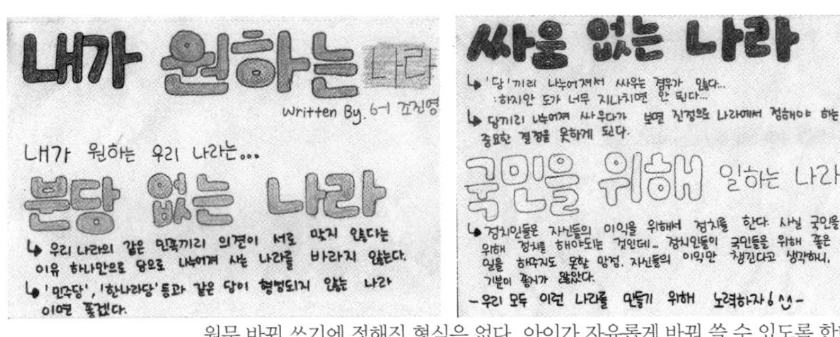

원문 바꿔 쓰기에 정해진 형식은 없다. 아이가 자유롭게 바꿔 쓸 수 있도록 한다

원하는 우리나라'라는 글을 바꿔 써보도록 했다. 책에서는 우리나라가 세계에서 가장 아름다운 나라가 되기를 바란다는 내용이었다.

원문을 충분히 이해해야지만 가능한 활동이기 때문에 원문을 반복해서 읽어야 한다. 이것으로 끝이 아니다. 원문을 이해했다면 이를 자신의 것으로 바꾸기 위해 고민해야 한다. 그리고 자신의 언어로 생각을 표현할 수 있어야 한다. 어휘력이 좋거나 상상력이 풍부한 아이일수록 새롭고 좋은 글이 나온다.

고전의 장르를 바꾸다

책을 읽은 후 자신의 느낌이나 생각을 시, 극본, 수필 등 다양한 형태의 장르로 표현해 볼 수 있다. 이때 아이들이 가장 부담 없이 생각하는 장르가 시이다. 어른들은 가장 어렵게 생각하는 장르이지만 아이들은 거침이 없어 다른 어떤 장르보다 시로 표현하는 것을 좋아한다.

아이가 책을 읽고 느낀 점을 표현한 작품들을 평가해서는 안 된다. 자유롭게 느끼고 표현해 보도록 한다

왼편의 시는 4학년 여자 아이가 『소나기』를 읽고 적은 것이다. 정말 시인처럼 풍부한 감수성이 담겨 있어 원작보다 더 애달프게 느껴진다.

고전과 체험이 만나다

고전을 읽기 전이나 읽은 후 책 내용과 관련된 체험 활동을 하면 책의 효과를 높일 수 있다. 예를 들어 『백범일지』를 읽기 전후에 백범 기념관을 다녀오거나 『난중일기』를 읽은 후 이순신의 친필 초고가 보관되어 있는 현충사를 방문하는 것이다. 이런 활동은 막연했던 내용의 이해를 도우며 더 오래 각인시키는 효과가 있다.

고전을 소재로 한 창극, 연극, 영화 등 다양한 방식으로 고전에 대한 관심과 이해도를 높일 수 있다.

한번은 반 아이들에게 〈공자〉라는 영화를 보여 주었는데, 아이들의 반응이 별로였다. 공자의 삶을 담담하게 그려 낸 영화로 내용은 대단히 교육적이지만 아이들의 흥미를 끌기에는 부족했다. 하지만 그다음 해 『논어』를 읽은 후 그 영화를 보여 줬을 때는 아이들의 눈빛부터 달랐다. 책에서 읽은 인물들이 영화에 등장할 때마다 여기저기서 난리가 났다. 특히 공자가 가장 아끼고 유일하게 배우기를 사랑했던 제자 안회가 죽는 장면에서는 공자만큼 안타까워했다.

이런 체험활동을 통하여 영화도 새롭게 조명되었지만, 『논어』의 내용을 더욱 새롭고 입체적으로 이해하는 기회가 된 듯했다.

또 한번은 셰익스피어의 『햄릿』을 읽은 후 아이들에게 조별로 연극을 발표하게 했다. 아이들은 "사느냐 죽느냐 그것이 문제로다."와 같은 명대사를 최대한 폼 나게 연기하기 위해 노력하는 등 저마다 맡은 역할에 최선을 다했다. 자신들이 공연을 할 때는 긴장감과 흥분감에 짜릿해했고, 친구들의 공연을 볼 때는 생소한 모습들에 즐거워했다.

아이들은 연극을 통해 세계 문학의 젖줄이라고 일컬어지는 셰익스피어의 작품을 읽는 것에서 더 나아가 400년 전의 셰익스피어와 생생하게 만나는 경험을 하였다.

이후 『셰익스피어 4대 비극』을 모두 연극으로 해보자고 건의하는 아이들이 많았다. 시간적인 문제로 아이들의 의견을 수용해 주지 못하는 현실이 안타까운 순간이었다.

책걸이, 새로운 고전에 도전하게 한다

아무리 화가 나도 자녀에게 책을 던지거나 책으로 때려서는 안 된다. 혼난다는 부정적인 상황과 책이 연결되어 책을 싫어하게 되는 원인이 될 수 있다.

유대인들은 『성경』에 대해 긍정적인 인상을 심어 주기 위해 아이가 태어나면 『성경』 표지에 꿀을 발라 놓고 그것을 핥게 한다. 이런 과정을 통해 아이는 『성경』과 특유의 묵은 책에서 나는 냄새에 대해 좋은 인상을 가지게 된다.

책걸이 역시 이런 측면에서 접근하면 어떨까? 즉 그간 어려운 과정을 극복하고 무사히 완독한 것에 대한 보상을 넘어 고전 읽기에 대해 긍정적인 인식을 심어 주는 목적으로 책걸이를 해주는 것이다. 특히 고전은 한

달 이상 붙들고 애써야지만 읽을 수 있다. 그런 만큼 책걸이는 또 다른 고전 읽기를 유도하는 동기가 되기도 한다.

책걸이를 해줄 때 고려해야 하는 것은 시기와 방식이다. 언제, 어떻게 해줄 것인지를 충분히 고민해야 한다. 한 권을 완독했을 때마다 해주거나 혹은 한 달이나 한 학기마다 해주는 방법도 생각해 볼 수 있다. 또한 가족 외에 친한 친구들을 초대해서 하는 방법도 있다. 이때 초대한 친구들에게는 책걸이 파티이므로 책을 선물하거나 아이가 읽은 책으로 퍼즐을 만들어 풀게 하는 등 책과 관련된 활동을 마련하면 좋다.

단순히 먹고 즐기는 것만이 아니라 그 책과 관련된 체험학습 또한 책걸이라고 할 수 있다. 책걸이에서 가장 중요한 것은 아이에게 의미 있고 대단한 책을 읽었다는 자부심과 성취감을 주는 것이다.

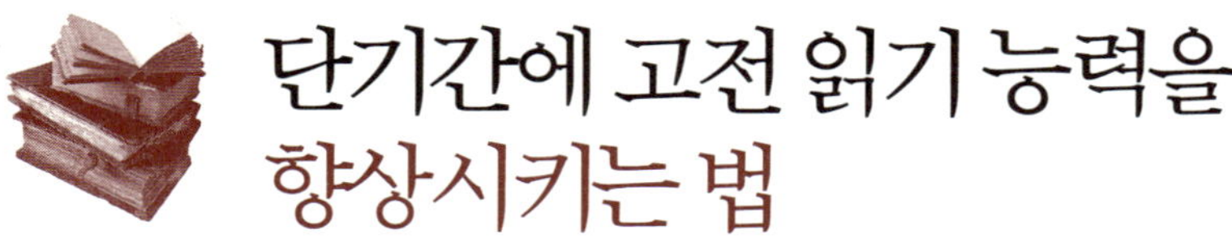

단기간에 고전 읽기 능력을 향상시키는 법

　각종 대회는 아이가 자신의 실력을 평가하고 한 단계 성장하는 계기가 되기도 한다.

　고전 읽기도 외부로 눈을 돌려 백일장 대회 등에 출전하여 식견을 넓힐 필요가 있다. 이런 대회에 참석하면 수많은 사람들이 고전을 읽고 있다는 것을 깨닫게 된다. 이는 고전 읽기에 대한 의욕으로 이어진다. 또한 대회 참여를 위해서는 단기간 내 집중적으로 독서해야 하므로 대회가 끝나면 한 단계 더 성장할 수 있다.

　이 책에서 소개하고자 하는 대회는 대통령상 타기 '전국 고전 읽기 백일장 대회'이다. 이 백일장은 국민독서문화진흥회가 주관하고, 문화체육관광부, 교육과학기술부, 여성가족부 등이 후원하는 전국적인 대회로 올해로 20회를 맞는다. 대상은 초등부, 중고등부, 대학부, 일반부로 나뉜다.

　진행 방식은 매년 5월에 국민독서문화진흥회가 선정 도서를 발표한다. 2011년도 선정 도서를 소개하면 다음과 같다.

■ 선정 도서

초등 저학년

	책 제목
1	『우리 집에 온 마고할미』_바람의 아이들
2	『교과서 전래동화』_거인
3	『교과서 속 전래동화 쏙쏙 뽑아 읽기』_풀빛
4	『배꼽 빠지게 웃기고 재미난 똥 이야기』_미래아이
5	『숫자 3의 비밀』_사파리
6	『반쪽이』_비룡소
7	『팥죽 할멈과 호랑이』_비룡소
8	『좁쌀 한 톨로 장가가기』_국민서관
9	『똥 뒤집어 쓴 도깨비』_토토북
10	『오늘이』_봄봄
11	『아들로 태어난 원수』_한림출판사
12	『재주꾼 오 형제』_시공주니어
13	『어여쁜 여우 누이』_영교
14	『토끼전 · 장끼전』_리젬
15	『쇠를 먹는 불가사리』_길벗 어린이

초등 고학년

	책 제목
1	『금오신화』_대교출판
2	『김만중이 들려주는 구운몽』_세상모든책
3	『고소한 이야기』_사파리
4	『또도령 업고 세 고개』_다림
5	『유배지에서 보낸 정약용 편지』_알라딘북스
6	『오시오 자시오 가시오』_랜덤하우스코리아
7	『금수회의록』_산하
8	『울지마, 울산 바위야』_한겨레아이들
9	『사씨남정기』_꿈소담이

　이들 도서 중 해당 학년 도서를 한 권 읽고, 참가 신청서와 함께 200자 원고지를 기준으로 초등 저학년 4~5매, 초등 중·고학년 5~6매 분량의 감상문을 국민독서문화진흥회로 보내면 된다. 우편 접수나 인터넷 접수 모두 가능하다. 이후 대회 일정은 다음과 같다.

▣ 대회 주요 일정

예선 원고 접수 2011년 7월 1일 ~ 9월 10일

본선 참가자 발표 2011년 9월 24일(오전 10시)

본선 대회 2011년 10월 8일(오후 1시 ~ 오후 5시, 국립중앙도서관 국제회의장)

수상자 발표 2011년 10월 20일(오전 10시)

시상식 2011년 11월 12일(오전 11시)

동산초등학교
학년별 도서 목록

도서 선정 기준

– 도서 분야의 다양성

  초등학생을 대상으로 하다 보니 문학 분야가 많을 수밖에 없었다. 하지만 최대한 시, 수필, 위인전, 인문, 철학 등 어느 한 분야에 편중되지 않고 다양하게 접할 수 있도록 안배했다. 많은 아이들이 자신이 좋아하는 분야의 책만 읽는 경향이 심하기 때문에 어려서부터 다양한 분야의 책을 맛보게 하는 것이 중요하다.

– 다양한 작가

  가급적 동일 작가가 두 번 선정되지 않도록 배려하였다. 책은 작가 그 자체라고 할 수 있기 때문에 가급적 다양한 작가들을 접할 수 있도록 하였다. 또한 수많은 작가들을 만남으로써 자신이 좋아하는 작가를 발견하는 계기를 가질 수 있도록 하였다.

– 가급적 원전에 가까운 책

  고전은 온전한 책으로 읽을 때 그 효과가 가장 높지만, 『백범일지』와 같이 아이들이 이해하기 난해한 작품은 어쩔 수 없이 아이들 수준에 맞게 번안된 책을 선정했다. 하지만 문학, 철학 분야는 원전에 충실한 책을 선정했다. 특히 고학년은 가급적 원전에 가까운 책을 골랐다. 외국 작품의 경우 같은 작품이 여러 출판사에서 출간되어 있기 때문에, 이 중 가장 원전을 충실하게 번역한 책을 선택했다.

– 학년별 특징

1, 2학년은 학년 특성상 창작 동화나 전래 동화 등 문학 분야가 차지하는 비중이 높다. 저학년은 본격적으로 고전을 읽는 시기라기보다 고전 읽기를 준비하는 단계에 해당하기 때문이다. 비교적 근래에 출간된 창작 동화가 많지만 작품성이 뛰어나 몇십 년이 지난 후에는 고전으로 인정받을 만한 작품을 선정했다.

– 적정 독서 분량

학기 중에는 한 달에 한 권을, 시간적 여유가 많은 방학에는 두 권 읽기를 원칙으로 했다. 고전은 많이 읽기보다 한 권의 책을 반복해서 읽는 것이 바람직하다. 아이들에게 고전은 결코 녹록치 않기 때문에 몰아치듯 읽히면 반드시 실패한다. 학기 중 한 달에 한 권 정도가 적당하다.

– 남녀 성별 선호도

고학년이 될수록 성별에 따라 독서 취향이 극명하게 드러나기 때문에 이에 대한 배려를 하였다. 예를 들어 여자아이들을 위해서는 『비밀의 화원』, 『오만과 편견』, 『제인 에어』와 같은 미묘한 감정과 관계를 다룬 문학 작품을 선정했다. 반면에 남자아이들을 위해서는 『로빈슨 크루소』, 『톰소여의 모험』, 『허클베리 핀의 모험』, 『80일간의 세계 일주』와 같은 모험과 상상이 가득한 작품을 선정했다.

– 초등학교 교육 과정과 교과서 반영

가급적 교과 과정과 연계된 고전을 선정하려고 했다. 예를 들어 5학년 사회에서는 우리나라 역사를 집중적으로 배우게 되는데 이를 고려하여 『삼국사기』나 『삼국유사』 등을 5학년에 배치하여 아이들이 교과서와 연계하여 흥미를 가지고 읽을 수 있도록 하였다. 하지만 현실적인 한계도 존재한다. 현재 초등학교 교과서에 수록된 작품들은 대다수 국내 저자의 현대 창작물에 치우쳐져 있기 때문에 이를 반영한 고전을 선정하는 데는 한계가 있었음을 밝혀 둔다.

– 선호도가 높고 많이 알려진 작품

고전을 처음 시작할 때는 누구나 알고 있는 유명한 책으로 시작하는 것이 좋다. 그만큼 실패할 확률이 줄기 때문이다. 선정의 객관성을 어느 정도 확보하기 위해 교육청, 도서관 등 외부 기관의 추천 도서 목록과 학부모들의 선호 작품들을 종합하여 선정하였다.

– 시

1, 2학년은 동시를, 3, 4학년은 한국의 명시를, 5, 6학년은 시조를 읽게 하였다. 시는 많이 읽는 것보다 반복해서 읽고 암기하는 것이 더 효과적이기 때문에 저학년, 중학년, 고학년으로 나눠 같은 도서를 읽게 하였다.

도서 목록은 지금도 계속 업데이트되고 있는 중이다. 초등 교육의 전문가인 현장 교사들이 선정한데다 현재 실제로 이 목록에 근거하여 고전 읽기가 실행되고 있다는 점에서 가치가 있다고 할 수 있다. 고전 읽기에 관심을 갖고 있는 부모들에게 조금이나마 도움이 되기를 바란다. (출판사 사정에 의해 품절 및 절판된 도서가 있을 수 있다.)

1학년 선정 도서 목록

월	책 제목	지은이	출판사	쪽수	영역	교과 관련
3월	학교 적응 기간					
4월	『아낌없이 주는 나무』	셸 실버스타인	시공주니어	52쪽	문학	
5월	『이솝 이야기』	이솝	어린이 작가정신	56쪽	문학	생길 3-2-6 읽기 1-1-3 읽기 3-1-6
6월	『개구리와 두꺼비는 친구』	아놀드 로벨	비룡소	65쪽	문학	
7월	『행복한 왕자』	오스카 와일드	어린이 작가정신	42쪽	문학	
7월	『무서운 호랑이들의 가슴 찡한 이야기』	이미애	미래아이	112쪽	문학	
8월	『꿈을 찍는 사진관』	강소천	가교	60쪽	문학	읽기 6-1-1
8월	『화요일의 두꺼비』	러셀 에릭슨	사계절	116쪽	문학	
9월	『나쁜 어린이 표』	황선미	웅진주니어	104쪽	문학	
10월	『우리 마음의 동시』	김승규 (엮은이)	아테나	147쪽	시	읽기 1-1-4
11월	『밤티마을 큰돌이네 집』	이금이	푸른책들	144쪽	문학	
12월	『마법의 설탕 두 조각』	미하엘 엔데	소년한길	92쪽	문학	
12월	『세종대왕』	김영근	주니어랜덤	149쪽	위인전	
1월	『안데르센 동화』	안데르센	그린북	196쪽	문학	
1월	『찰스 디킨스』	찰스 디킨스	그린북	197쪽	문학	
2월	『하느님이 우리 옆집에 살고 있네요』	권정생	산하	201쪽	문학	
2월	『호두까기 인형』	호프만	시공주니어	176쪽	문학	음악 3-2

2학년 선정 도서 목록

월	책 제목	지은이	출판사	쪽수	영역	교과 관련
3월	『꽃들에게 희망을』	트리나 폴러스	시공주니어	151쪽	문학	
4월	『슈바이처』	정지아	주니어랜덤	137쪽	위인전	
5월	『어린이 사자소학』	엄기원(엮은이)	한국독서 지도회	172쪽	철학	도덕 3-1-1
6월	『어린이를 위한 우동 한 그릇』	구리 료헤이	청조사	157쪽	문학	바생 3-2
7월	『엄마 마중』	겨레아동문학 연구회 (엮은이)	보리	224쪽	문학	읽기 3-1-7 읽기 3-2-1 읽기 4-2-6
7월	『로테와 루이제』	에리히 캐스트너	시공주니어	232쪽	문학	
8월	『내 이름은 삐삐 롱스타킹』	아스트리드 린드그렌	시공주니어	224쪽	문학	읽기 6-1-1
8월	『플랜더스의 개』	위다	비룡소	232쪽	문학	
9월	『파브르 식물 이야기 1』	장 앙리 파브르	사계절	161쪽	과학	
10월	『우리 마음의 동시』	김승규 (엮은이)	아테나	147쪽	시	
11월	『이상한 나라의 앨리스』	루이스 캐럴	인디고	237쪽	문학	읽기 5-2-3
12월	『심청전』	김예선	한겨레 아이들	105쪽	문학	
12월	『15소년 표류기』	쥘 베른	삼성출판사	255쪽	문학	슬생 2-1-4
1월	『오세암』	정채봉	샘터	157쪽	문학	말듣쓰 3-2-7
1월	『샬롯의 거미줄』	엘윈 브룩스 화이트	시공주니어	242쪽	문학	
2월	『토끼전』	장주식	한겨레 아이들	111쪽	문학	
2월	『마틸다』	로알드 달	시공주니어	310쪽	문학	

3학년 선정 도서 목록

월	책 제목	지은이	출판사	쪽수	영역	교과 관련
3월	『키다리 아저씨』	진 웹스터	인디고	272쪽	문학	
4월	『장애를 넘어 인류애에 이른 헬렌 켈러』	권태선	창비	184쪽	위인전	읽기 6-1-1
5월	『명심보감』	추적 (엮은이)	홍익출판사	343쪽	철학	
6월	『장발장』	빅토르 위고	삼성출판사	253쪽	문학	
7월	『피노키오』	카를로 콜로디	시공주니어	272쪽	문학	
7월	『오즈의 마법사』	L. 프랭크 바움	인디고	309쪽	문학	
8월	『톰 소여의 모험』	마크 트웨인	시공주니어	371쪽	문학	
8월	『정글북』	J. R. 키플링	대교출판	243쪽	문학	
9월	『임진록』	김종광	창비	133쪽	문학	
10월	『한국대표명시모음』	최남선 외	지경사	235쪽	시	
11월	『파브르 곤충기 1』	장 앙리 파브르	현암사	384쪽	과학	과학 3-1-3
12월	『홍당무』	쥘 르나르	삼성출판사	255쪽	문학	
12월	『옹고집전』	박 철	창비	116쪽	문학	
1월	『사랑의 학교 1, 2, 3』	T.데 아미치스	창비		문학	
1월	『안네의 일기』	안네 프랑크	지경사	217쪽	수필	읽기 4-1-8
2월	『별』	알퐁스 도데	인디북	271쪽	문학	
2월	『피터 팬』	제임스 매튜 배리	시공주니어	279쪽	문학	

4학년 선정 도서 목록

월	책 제목	지은이	출판사	쪽수	영역	교과 관련
3월	『갈매기의 꿈』	리처드 바크	현문미디어	105쪽	문학	
4월	『소나기』	황순원	맑은 소리	144쪽	문학	듣말쓰 6-1-1
5월	『소학』	주희, 유청지	홍익출판사	430쪽	철학	
6월	『박지원 단편집』	이영호	계림	142쪽	문학	
7월	『안중근』	조정래	문학동네 어린이	166쪽	위인전	
7월	『80일간의 세계 일주』	쥘 베른	시공주니어	408쪽	문학	
8월	『홍길동전』	김진섭	깊은책속 옹달샘	168쪽	문학	
8월	『열하일기』	박지원	파란자전거	169쪽	수필	
9월	『빨간 머리 앤』	루시 모드 몽고메리	인디고	528쪽	문학	
10월	『한국대표명시모음』	최남선 외	지경사	235쪽	시	
11월	『탈무드』	이동민(역자)	인디북	285쪽	비문학	듣말쓰 3-2-1
12월	『어린 왕자』	생텍쥐페리	인디고	237쪽	문학	
12월	『로빈슨 크루소』	다니엘 디포	대교출판	261쪽	문학	사회 3-2-1
1월	『우리들의 일그러진 영웅』	이문열	다림	157쪽	문학	
1월	『박씨전』	손연자	대교출판	197쪽	문학	
2월	『아인슈타인과 과학 천재들』	앤드 스튜디오	중앙북스	176쪽	위인전	
2월	『오 헨리 단편선』	오 헨리	인디북	207쪽	문학	

5학년 선정 도서 목록

월	책 제목	지은이	출판사	쪽수	영역	교과 관련
3월	『리마커블 천로역정』	존 번연	규장	253쪽	문학	
4월	『위대한 영혼, 간디』	이옥순	창비	182쪽	위인전	
5월	『채근담』	홍자성	홍익출판사	345쪽	비문학	
6월	『비밀의 화원』	프랜시스 호즈슨 버넷	시공주니어	408쪽	문학	
7월	『삼국사기』	김부식	타임기획	322쪽	비문학	사회 5-1-1
7월	『100년 후에도 읽고 싶은 한국 명작 단편』	한국명작단편 선정위원회	예림당	400쪽	문학	
8월	『나의 라임오렌지 나무』	J.M. 바스콘셀로스	동녘	303쪽	문학	
8월	『창가의 토토』	구로야나기 테츠코	프로메테우스	288쪽	문학	
9월	『삼국유사』	이정범	알라딘북스	232쪽	비문학	듣말쓰5-1-1 사회5-1-1
10월	『솔솔 재미가 나는 우리 옛시조』	김원석	파랑새 어린이	199쪽	시	
11월	『우리말 성경』	두란노 편집부	두란노		비문학	
12월	『아이작 아시모프의 과학 에세이』	아이작 아시모프	아름다운날	312쪽	과학	
12월	『구운몽』	주재우	계림	191쪽	문학	
1월	『춘향전』	김은숙	대교출판	197쪽	문학	
1월	『난중일기』	이순신	파란자전거	167쪽	수필	
2월	『지킬 박사와 하이드』	로버트 루이슨 스티븐슨	푸른숲 주니어	216쪽	문학	
2월	『동물농장』	조지 오웰	열린책들	193쪽	문학	

6학년 선정 도서 목록

월	책 제목	지은이	출판사	쪽수	영역	교과관련
3월	『톨스토이 단편선』	톨스토이	인디북	367쪽	문학	
4월	『쉽게 읽는 백범일지』	김구	돌베개	325쪽	수필	듣말쓰 6-1-6
5월	『논어』	공자	홍익출판사	421쪽	철학	도덕 6-1-10
6월	『셰익스피어 4대 비극』	셰익스피어 연구회	아름다운날	544쪽	문학	
7월	『돈키호테』	미겔 데 세르반테스	푸른숲 주니어	343쪽	문학	
	『사기열전』	사마천	타임기획	324쪽	비문학	
8월	『제인 에어』	샬럿 브론테	시공주니어	853쪽	문학	읽기 6-1-1
	『허클베리 핀의 모험』	마크 트웨인	시공주니어	488쪽	문학	
9월	『중학생이 보는 오만과 편견』	성기조(역자)	신원문화사	461쪽	문학	
10월	『솔솔 재미가 나는 우리 옛시조』	김원석	파랑새 어린이	199쪽	시	읽기 6-1-7
11월	『플라톤의 대화편』	플라톤	창	314쪽	철학	
12월	『몽구』	이한	홍익출판사	326쪽	철학	
	『명상록』	마르쿠스 아우렐리우스	인디북	304쪽	비문학	
1월	『목민심서』	정약용	파란자전거	164쪽	비문학	읽기 6-1-6
	『대지』	펄 벅	문예출판사	470쪽	문학	
2월	『페르마의 마지막 정리』	사이먼 싱	영림 카디널	399쪽	수학	